농지는 부동산이 아니다

농지는 부동산이 아니다

신명식
지음

언론인, 귀농인,
공공기관장 경험에서 나온
생생한 현장보고서

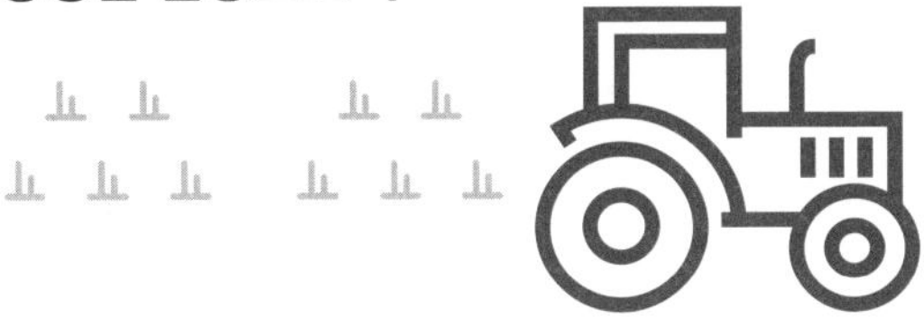

도서출판 새빛
SAEVIT

프롤로그

답은 언제나 현장에 있다

농민의 사회적 역할은 무엇인가?

어떻게 농사지을 땅을 확보할 것인가?

어떤 농사를 지어 어떻게 팔 것인가?

품목별생산조직을 어떻게 만들 것인가?

농업 농촌 발전을 위한 정부의 역할은 무엇인가?

지난 십 수 년간 직접 농사를 짓기도 하고 농업관련 공공기관의 장으로 있으며 일관되게 고민한 주제다.

필자가 농업경제학을 전공한 것도 아니고 농업현장의 경험이 많은 것도 아니다. 농민단체에서 활동 하지도 않았다. 말하자면 농업계에서는 아웃사이더다. 그러니 농업계 문법이 아닌

생소한 주장도 한다. 하지만 언론인, 농민, 농업관련 공공기관장 이 세 가지 경험을 모두 갖춘 사람도 흔치는 않다. 직접 농업현장에서 배우고, 듣고, 쓰고, 나아가 농정을 실행하는 과정에서 발견한 생각을 정리하는 것은 나름 의미 있는 일이라고 판단했다.

16년간 기자생활을 하다 2010년 초 귀농을 했다. 아홉 번 농사를 지었다. 규모가 작은 농장이지만 처음부터 일반사업자 등록을 내고 부가가치세와 사업소득세를 납부했다. 영농과 가공부문으로 나누어서 10원 단위까지 원가관리를 했다. 나중에는 농업회사법인으로 바꾸었다.

유기농배 농사를 지으며 품목별생산자조직에 많은 애정을 기울였다. 유기농업을 하는 농민들 몇 사람이 모여 협동조합 형태의 유기가공공장을 만들었다. 영농조합을 만들어 동네사람들의 일반농산물을 판매하는데 일조했다. 직접 인터넷쇼핑몰을 운영해 보았다. 농산물생산 가공 유통을 모두 해서 6차산업사업자 인증을 받았다. 이렇게 일한 덕분에 농업현장에 대한 이해도가 높아졌다.

농촌에서 유기농 농사를 짓는 동안 이런 고민을 많이 했다.

"농부는 농사를 업으로 삼는 사람이지만 농민은 '사회적 관계' 속에서 농사를 업으로 삼는 사람이다. 그렇다면 농민의 사회적 역할, 농민의 직업윤리, 농민의 의무는 무엇인가?"

국민을 생각하는 농업, 소비자를 생각하는 농업이 필자가 내린 결론이다.

2018년 11월 인연이 닿아 농림축산식품부 산하 공공기관인 농림수산식품교육문화정보원 원장에 취임했다. 취임인사에서 "농민의 입장에서 농업예산이 제대로 쓰이고 있는지 격려 감독하려고 왔다"고 했다. 전임 원장 두 분은 농식품부 1급 공무원 출신이다. 관료나 공공기관 직원들과 이종교배는 나름 좋은 경험이었다. 근친교배는 퇴보와 멸종을 불러온다.

농정원은 연 2000억 원 가까운 예산을 집행한다. 전액 국민세금에서 나온다. 정부예산이 어떻게 편성되고 집행되는지 직접 경험한 것은 개인적으로 큰 소득이다.

마침 운이 따랐다. 부정부패방지법(이른바 김영란법) 시행과 '갑질 근절'이 공직사회에 커다란 변화를 가져 왔다. 40년간 대중운동가 언론인 농민으로 살아온 방식을 공직사회에 접목하는데 큰 어려움은 없었다. 수평적 조직문화를 조성하려 힘썼고, 이를 바탕으로 직원들의 자발성과 창의성을 끌어올리려 했다.

이 통계를 왜 내는 거지? 이 교육을 왜 하는 거지? 이 홍보를 왜 하지? 이런 데이터가 농사를 짓는데 어떤 도움을 주지?

현장을 알지 못하면 대답할 수 없는 질문을 나와 직원들에게 수시로 던졌다. 이 책에 나오는 내용도 그 질문의 연장이다. 끊임없이 스스로 질문하고 답을 찾아나가려 한다.

답은 언제나 '현장'에 있다.

차례

2부 청년농은 누구를 위해 존재하나?

3부 공익형직불제, 농민수당, 농민기본소득

4부 농민의 힘은 어디에서 나오나?

5부 장밋빛 환상, 스마트팜의 허실

6부 국민을 생각하는 농업, 소비자를 생각하는 농업

7부 농업통계의 오해와 진실

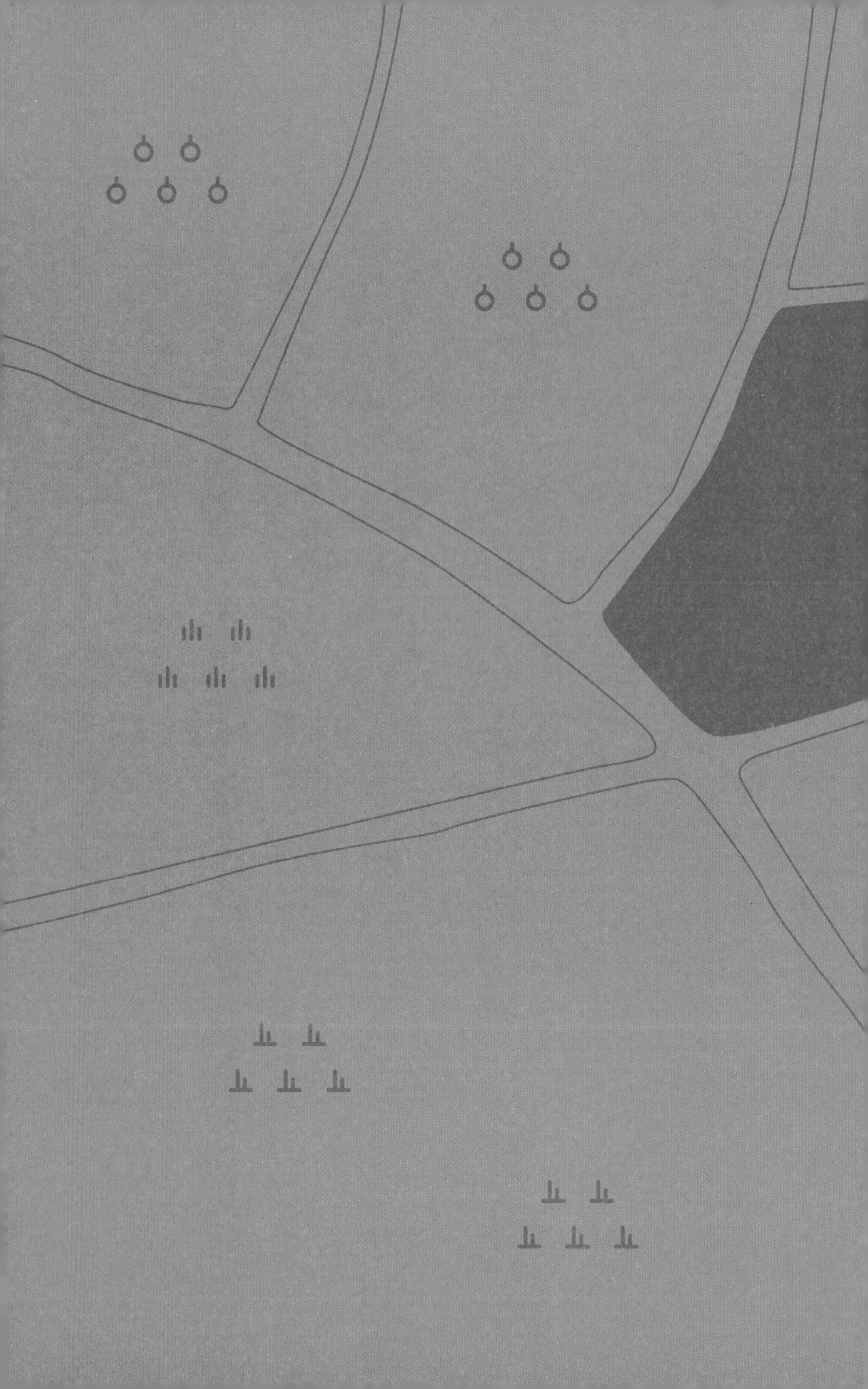

1부 농지는 부동산이 아니다

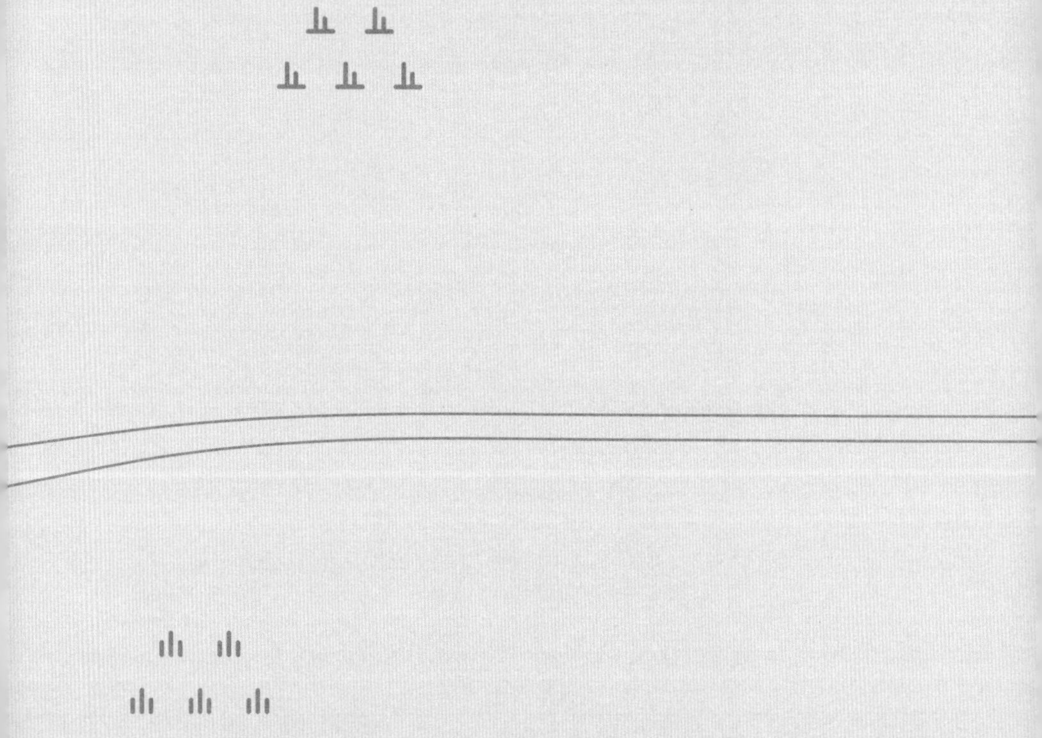

1장

대규모 농지전용은 반드시 공공개발로

2020년 한국은행이 추산한 한국의 토지자산은 8,000조 원이다. 논밭이 아파트나 공장부지로 바뀌면 엄청난 개발이익이 생긴다.

2021년 여름, 농지가 택지로 바뀔 때 어떤 상황이 벌어지는지 그 이면의 일부가 드러났다. 성남 분당구 대장동 택지개발사업은 성남시 대장동에 5,903세대를 지을 수 있는 27만8,440평의 택지를 개발하는 사업과 10km 떨어진 성남시 구 시가지에 위치한 신흥동 제1공단 자리 1만6,946평을 공원화 하는 사업을 결합한 도시개발사업이다.

원래 대장동 택지개발사업은 2004년부터 LH 전신인 한국

토지공사가 추진했다. LH가 주로 논밭이 있던 대장동에 전원 주택용 택지를 개발하고 개발이익도 모두 갖는 방식이었다. 사업계획은 2005년 6월 건설교통부 승인을 받았다. 하지만 2005년 11월 성남시 일부 공무원들이 대장동개발계획을 유출해 투기꾼들과 함께 땅을 미리 사들인 사실이 드러나며 개발이 중단됐다. 도시기본계획은 살아있지만 개발은 진행되지 않는 상태가 됐다.

2008년 무렵 대장동 일부 땅주인들이 민간추진위원회를 만들고 부동산개발회사(씨세븐)와 계약을 맺어 재개발을 시도했다. 부동산개발회사는 저축은행으로부터 1,805억을 대출 받기도 했다. 이때 부동산개발회사가 영입한 자들이 변호사 남욱과 회계사 정영학이다. 이들은 훗날 화천대유의 자회사인 화천동인 4호와 5호를 각각 소유하게 된다.

한편 LH도 공공개발을 재추진했다. 2009년 당시 이명박 대통령이 LH는 민간과 경쟁하지 말라는 발언, 국민의힘 전신인 한나라당 소속 국회의원 신영수의 국정감사를 빙자한 압박 등이 이어졌다. 결국 2010년 6월 28일 LH는 주민반대를 이유로 대장동 사업을 포기했다. 이 과정에서 신영수의 동생은 LH가 대장동사업을 포기하게 해달라는 민간 개발업자의 청탁을 받으며 2억 원을 받은 사실이 드러나 구속됐다.

또 한 번 반전이 일어났다. 2010년 6월 취임한 이재명 성남시장이 공공개발을 다시 추진하겠다고 선언했다. 이재명 시장은 지방채를 발행해서 대장동과 위례에서 공공개발을 하겠다고 발표했다. 하지만 과반수를 차지하고 있던 새누리당 소속 시의원들은 등원 거부로 예산안 심의를 보이콧하며 공공개발을 반대했다. 기초자치단체가 1조원이 넘는 사업비를 지방채를 발행해서 마련하는 것도 불가능했다. 당시 성남시의 누적부채는 7,000억 원이 넘었다. 행정안전부도 지방채 발행에 부정적이었다.

결국 2011년 초 택지는 민관 공동으로 개발하되 개발이익의 상당부분을 성남시가 선 보장 받는 것으로 타협안이 나왔다. 성남시는 이 사업으로 배당금 1,830억 원과 현물(공원 지하주차장 터널 등)을 합쳐 5,503억 원을 환수했다. 사방이 적인 가운데 기초자치단체장이 선택 할 수 있는 최선의 해결책이었다.

민간사업자는 명목상 하나은행컨소시엄이지만 자산관리라는 핵심 업무는 화천대유와 화천동인 1~7호 몫이었다. 오랫동안 대장동에서 택지개발사업을 추진해온 부동산전문변호사 남욱과 회계사 정영학, 그리고 수십 년간 YTN과 머니투데이에서 법조팀장을 지낸 김만배가 손을 잡았다. 남욱은 사업 초기비용으로 350억 원을 조달해 왔고, 정영학은 분배구조를 설계했고, 김만배는 법조와 언론계 인맥으로 두텁게 보호막을 쳤다. 자산관리를 담당한 김만배 남욱 정영학 등 화천대유와

천하동인 1~7호 소유자들이 택지개발 배당금으로 4,040억 원을 챙겼다. 성남도시개발공사가 1,830억 원을 배당 받았다.

더구나 김만배가 대표인 화천대유는 대장지구 15개 블록 중 5개 블록을 수의계약으로 매입해서 아파트 분양을 시행했다. 화천대유는 2018년 12월 아파트 1,946가구를 3.3m²당 평균 2,000여만 원에 분양했다. 2021년 여름에는 연립주택 292가구를 평당 3,400만 원에 분양했다. 특히 292가구는 도시형생활주택으로 분류되어서 분양가상한제를 적용 받지 않았다. 화천대유는 두 차례 분양으로 1조8,000억 원 가량의 매출을 올렸다.

이렇게 김만배 남욱 무리는 택지개발과 주택분양으로 수천억 원을 챙겼다. 검사출신 국회의원 곽상도의 아들은 사회경력 전무상태에서 화천대유에 입사해 6년을 근무한 후 퇴직금으로 50억 원을 받았다. 전직 대법관, 검찰총장, 법무차관, 검사장, 국회의원이 고문이라는 이름으로 매달 수천만 원을 챙겼다.

소위 '50억클럽'에는 검사출신 4명, 판사출신 1명, 현직 언론사주 1명이 이름을 올렸다.

화천대유 고문이나 자문단에는 박영수 전 특검, 권순일 전 대법관, 김수남 전 검찰총장, 강찬우 전 지검장, 김기동 전 지검장, 이창재 전 법무부차관, 이경재 변호사 이름이 등장한다.

유동규 전 성남도시개발공사 기획본부장(사장 직대)은 초과이익 환수 조항을 빠뜨렸다는 혐의(배임)로 2021년 10월 구속되었다. 배임 여부를 놓고 치열한 법정 공방이 예상된다.

분당구라는 특성이 있지만 27만8,440평의 택지를 개발해서 민관은 1조원의 수익을 냈다. 그나마 민관공동개발 덕분에 성남시가 현금과 현물로 5,503억 원을 환수했다. 이 택지에 주택을 지어서 분양한 시행사와 시공사들은 그 이상의 수익을 올렸다. 2017년부터 부동산광풍이 불며 미분양 없이 완판을 한 덕분이다.

공공개발 이익으로 공공임대농지 확보해야

대장동 사건을 보며 필자가 주목한 건 각종 개발명목으로 해마다 사라지는 농지다. 대장동 택지는 고작 27만8,440평이다. 2020년 한 해에만 농지 5,280만평이 사라졌다. 그 중에 724만7,760평이 주택용지로 전환됐다. 대장동의 26배 규모다. 전국에서 민간개발, 공공개발, 또는 민관공동개발 이라는 이름이 붙었지만 그 많은 개발이익을 누가 다 먹었을까?

2021년 11월 18일 LH가 공공 분양한 하남 교산의 평당 분양가는 2,667만 원이다. 교산지구는 82%가 그린벨트다. 논밭

그리고 온실이나 재배사를 빙자해서 건축허가를 받은 불법 물류창고·소규모공장이 들어찬 곳이다. 서울 송파구 강동구와 붙어 있으니 언젠가는 개발이 될 것이라고 보고 투기꾼들이 몰려들던 지역이다. 임야 1필지를 수백 명이 쪼개기 매입한 사례가 여러 건 발견됐다. 교산지구 191만 평에 그린벨트 규제 피해자인 원주민과 가짜 농민, 투기꾼이 뒤섞여 있다고 보면 된다.

교산지구 토지보상금이 6조8,000억 원이니 평당 평균 356만 원이다. 이러니 공공분양을 해도 고분양가를 피할 수 없다. 만약 민간시행사 주도로 택지를 조성했다면 분양가는 더 치솟았다. 농지를 택지로 조성하는 과정에서 천문학적 이익을 챙기는 가짜농민과 개발업자를 방치하는 한 아파트분양가는 고공행진할 수밖에 없다. 이걸 막지 못하면 분양가상한제나 분양원가공개는 소 잃고 외양간 고치기다.

민간주도 개발사업은 시행사가 초기자본을 조달하고, 이를 바탕으로 금융회사로부터 개발대출을 받는다. 시행사는 초기위험부담을 안는 대신 막대한 개발이익을 보장 받는다. 이러니 불가피하게 대규모 농지를 택지로 전환하려면 공공개발을 해야 한다. 그 중 일정 부분 토지는 국가가 소유하고 주택만 값싸게 분양하는 방식을 택해야 한다. 또는 국가가 개발이익으로 다른 지역에 농지를 매입해서 공공임대농지로 사용하는 방법을 찾아야 한다. 가짜농민이 발붙이지 못하도록 농지법을 정비해야 한다.

국민의 생명줄인 농지를 대규모로 전용해서 생기는 이익을 소수 개발업자와 투자자, 가짜농민들이 차지하게 해서는 안 된다.

2장

'사회전복'이 두려워 토지공개념 도입한 노태우

우리나라에서 토지공개념을 처음으로 법제화한 시기는 뜻밖에도 1989년 노태우 정부다. 개발이익환수법, 토지초과이득세, 택지소유상한제 등 3법이다. 당시 '3저호황'에 따른 급격한 경제성장으로 자산가격이 치솟으며 부동산으로 부를 축적하는 사람이 늘어났다. 6월항쟁과 7·8월노동자대투쟁을 거치며 집권한 노태우 정권이었기에 대중의 힘에 대한 두려움이 있었다. 당시 군부세력은 부동산투기를 방치하면 사회전복이 일어날 수 있다고 보았다.

개발이익환수법에 따라 신도시 등 대규모 택지의 개발이익 50%가 개발부담금으로 환수됐다.

토지초과이득세는 개인의 유휴토지나 법인 소유 비업무용 토지의 가격이 오르면 3년마다 조사해서 50%까지 초과이득을 환수하는 제도다. 이 법은 1994년 7월 29일 부과 기간의 정함이 없는 규정의 불합리함을 이유로 재판관 전원일치로 헌법불합치 결정이 내려졌다. 1998년 김대중 정부에서 부동산경기 활성화를 명분으로 폐지됐다.

택지소유상한제는 6대도시에서 가구당 200평 이상 택지를 취득하려면 지자체 허가를 받도록 했다. 5년 안에 이용·개발 또는 처벌하지 않으면 초과소유부담금을 내게 했다.

택지소유상한제는 1999년 4월 재산권을 과도하게 침해했다며 위헌 판결을 받았다. 이때 헌재가 토지공개념 자체를 부정한 것은 아니다. 6대 도시에 가구별 소유상한을 일률적으로 정한 점, 부담금 부과율이 높은 점 등 과세방법에서 기술적인 문제만 보완한다면 헌법에 위배되지 않는다고 보았다. 그럼에도 불구하고 국회는 후속 입법을 시도하지 않았다.

이후 우리 사회에서 토지공개념은 색깔론으로 덧칠해진 금기어 취급을 받았다. 2018년 3월 문재인 정부는 '토지의 공공성을 위해 필요한 경우에 한해 특별한 제한을 하거나 의무를 부과할 수 있다'는 내용을 담은 개헌안을 발표했다. 당시 보수세력은 '토지공개념은 사회주의'라며 공격을 퍼부었다.

토지공개념은 1879년 미국에서 처음 등장했다. 독일 헌법

제15조는 '토지, 천연자원 및 생산수단은 사회화를 목적으로 보상의 종류와 정도를 규정하는 법률에 의해 공유재산 또는 공동관리경제의 다른 형태로 전환될 수 있다'고 규정한다. 토지와 천연자원을 보상을 통해 공유재산으로 바꿀 수 있다고 본다.

이탈리아 헌법 제44조는 '토지의 합리적 이용과 공평한 사회적 관계를 보장하기 위해 토지의 사적 소유에 법적 책임과 제한을 부과할 수 있다'고 규정했다. 아일랜드헌법 제10조는 '모든 토지와 광산, 광물 및 용수는 국가에 속한다'고 했다. 스페인헌법 제33조는 법에 따른 적당한 보상이 주어지면 공공의 이익을 위해 사유재산을 박탈할 수 있다.

부동산투기는 불패신화를 쓰고 있다. 중산층 서민들까지 기획부동산을 통해 농지의 쪼개기 매입에 나서고 있다. 정부는 '농지는 부동산이 아니다'라는 점을 명확하게 해야 한다. 군사정권조차 대중의 분노가 두려워서 토지공개념을 전면 도입했다는 것을 명심해야 한다.

3장

1년 만에 농지 5,280만평이 사라졌다

경작면적이 나날이 줄고 있다. 정부가 앞장서서 줄이고 있다. 대한민국(남한)의 국토면적은 1,004만ha다. 2020년 기준 농경지는 156만4,749ha뿐이다. 이중에 농업진흥지역은 절반도 안 된다. 인구는 5,171만 명이다. 국민1인당 경지면적이 고작 92평이다.

2020년 한 해 동안 1만7,429ha의 농지가 사라졌다. 2019년에는 1만6,467ha가 사라졌다. 지난 10년 평균을 잡아도 연간 1만4,000ha가 공용 및 공익시설, 주택, 광·공업시설로 전용됐다. 식량생산을 위한 심리적 저지선은 전체농지 150만ha다. 이런 상태로 4년만 가면 150만ha가 무너진다.

1만7,429ha는 5,280만평이다. 평야지대를 가면 직사각형으로 반듯하게 경지정리가 되어 있는 논 1,200평을 1필지라고 부른다. 4만4,008필지다. 호남평야 우량 논에서 80kg 쌀 30 가마가 나온다. 전국 평균을 잡으면 25 가마(2019년 기준)다. 25 가마로 잡아도 한 해 동안 110만205가마를 생산할 수 있는 농지가 사라졌다.

한국의 농업관료들은 느긋하다. 100만ha까지 농지가 줄어들어도 생산성 향상으로 해결할 수 있다고 허황된 꿈을 꾼다. 아니, 이 문제에 별 관심이 없다. 농지총량관리제 도입은 꿈도 꾸지 않는다. 그게 식량자급률 제고가 됐든 농촌공간 활용이 됐든 전체 농지를 어떻게 관리할 것인지에 대한 생각이 별로 없다.

다른 나라 이야기를 해보자. 독일의 전체 국토면적은 3,570만ha다. 그런데 1,670만ha를 농경지로 확보하고 있다. 대한민국과 비교하면 국토면적은 3.5배이고, 농경지는 10.7배다. 2000~2010년 기간 동안 독일은 엄격한 농지보전정책 덕분에 경지면적의 1.4%만이 다른 용도로 바뀌었다. 연간 최대전용면적을 정해놓고 연방정부가 엄격하게 관리하는데 하루 30ha로 제한할 정도다. 한때 하루 전용면적이 55ha에 달하자 농지관리에 비상을 걸기도 했다. 일본은 보전해야 할 농지 면적을 전국-도·도·부·현-시·정·촌 단위로 배정하고 있다.

농지총량관리제를 도입해야 한다

농지법 제28조 제1항에 의하면 시·도지사는 농지를 효율적으로 이용하고 보전하기 위해서 농업진흥지역을 지정한다. 시·도지사는 농림축산식품부 장관의 승인(국토교통부장관과 협의)을 얻어 농업진흥지역을 지정하거나 해제할 수 있다. 농식품부는 농업진흥지역은 엄격하게 관리하고 있다고 주장한다.

연도별 농업진흥지역내 농지면적을 보자. 2000년 105만5,000ha, 2010년 81만7,000ha, 2015년 81만ha, 2020년 77만6,000ha다. 20년 동안 27만9,000ha가 줄었다. 세종특별자치시의 경우 중앙공원 호수공원 등을 만든다고 농업진흥지역 270만m^2(82만평)을 풀었으며, 2018년 8월 와촌국가산업단지를 조성한다고 또 농업진흥지역 270만m^2을 해제했다. 와촌 산단 인근에는 박근혜 정부시절 차관급인 전 행정복합도시건설청장과 공무원 시의원들의 투기행렬이 이어졌다. 2016년에는 농식품부가 앞장서서 쌀수급안정을 이유로 농업진흥지역 3만ha를 해제했다.

그러면 사라진 농지는 어떻게 쓰였을까? 2011년부터 2020년까지 10년간 전용된 농지 면적이 14만632ha나 된다. 2020년만 보면 1만7,429ha나 전용됐다. 세부내역을 보면 공용 및 공익시설 6,097ha(학교시설 포함, 35%), 주택시설 2,392ha(13.7%),

광공업시설 2,335ha(13.4%), 농어업용 시설 663ha(3.8%), 기타 5,942ha(34%)로 전용됐다. 특히 2011~2020년 주택시설로 전용된 농지는 2만6,102ha로 무려 7,908만9,060평이다.

먹잇감이 이렇게 널려 있으니 기획부동산들이 농업법인의 탈을 쓰고 온갖 투자자들을 긁어모아 부동산투기에 나서고 있다. 농식품부가 전수조사를 한 결과 2019년 기준 농업법인은 2만3,315개로 전년보다 7% 증가했다. 정부는 한국농업이 법인화, 규모화 되고 있는 것이라고 긍정적으로 해석했다.

그런데 통계 속을 들여다보니 경기도에서 경작지를 소유하고 농작물을 재배하겠다고 나선 신설 농업법인이 유독 많았다. 2018년 경작을 목적으로 하는 경기도내 농업법인은 1,061개이고 이들의 경지면적은 5,337ha이다. 2019년에는 1,189개, 7,166ha다. 각각 12%, 34%나 증가했다. 기획부동산들의 개입을 의심할만한 수치다.

이른바 사회지도층인사들이 작게는 3평에서 많게는 수백평의 농지를 매입했다. 이들은 빌려준 돈을 땅으로 받았다, 주말농장용으로 구입했다, 노후대비용이다 라고 해명했지만 시세차익을 노린 부동산투기라는 의심을 벗기 어렵다. 겨우 500평을 수십 명이 공동소유를 하는데 각자 몫의 경계 구분을 해주는 것도 아니다. 애초에 주말농장 이용은 불가능했다.

아무리 생산성이 높아져도 국민 1인당 평균 92평으로 식량자급을 이룰 수 있을까?

농지가 나날이 줄어드는데도 농지총량관리제 도입은 외면당하고 있다.

4장

농지투기의 온상,
농지법 제23조 제1항 6호

비농업인의 농지소유가 심각한 수준이다. 1995년, 2015년 농림어업총조사의 원자료를 분석한 결과 1995년에는 비농업인이 전체 경작지의 33%를 소유했는데 2015년에는 43.8%로 늘어났다는 연구가 있다. 국가통계포털에 등록된 자료를 보면 2020년 전체농지 중 임차농지의 비율이 48.7%나 된다. 농지의 절반이 주인 따로, 농사짓는 사람 따로 라는 이야기다.

대한민국 헌법 제121조

제1항: 국가는 농지에 관하여 경자유전의 원칙이 달성될 수 있도록 노력하여야 하며, 농지의 소작제도는 금지된다.

제2항: 농업생산성의 제고와 농지의 합리적인 이용을 위하거나 불가피한 사정으로 발생하는 농지의 임대차와 위탁경영은 법률이 정하는 바에 의하여 인정된다.

농지법 제3조

제1항: 농지는 국민에게 식량을 공급하고 국토 환경을 보전하는 데에 필요한 기반이며 농업과 국민경제의 조화로운 발전에 영향을 미치는 한정된 귀중한 자원이므로 소중히 보전되어야 하고 공공복리에 적합하게 관리되어야 하며, 농지에 관한 권리와 행사에는 필요한 제한과 의무가 따른다.

제2항: 농지는 농업 생산성을 높이는 방향으로 소유·이용되어야 하며, 투기의 대상이 되어서는 아니 된다.

경자유전원칙을 밝힌 이렇게 훌륭한 헌법과 농지법을 만들어놓고는 농지법 제6조는 엉뚱한 방향으로 흐른다. 16가지의 예외조항을 열거하고 있다.

농지법 제6조

제1항: 농지는 자기의 농업경영에 이용하거나 이용할 자가 아니면 소유하지 못한다.

제2항: 제1항에도 불구하고 다음 각 호의 어느 하나에 해당하는 경

우에는 농지를 소유할 수 있다.

소유의 예외조항과 함께 임대의 예외조항이 있다. 농지법 제23조 제1항은 농지를 임대하거나 무상사용하게 할 수 있는 예외조항을 열거하고 있다. 특히 6호가 화근이다.

농지법 제23조 제1항 6호

농지법 제6조 제1항에 따라 개인이 소유하고 있는 농지를 한국농어촌공사나 그 밖에 대통령령으로 정하는 자에게 위탁하여 임대하거나 무상사용하게 하는 경우

윤희숙 부친이 논을 소유하게 된 비결

부친의 농지투기의혹이 일어나자 윤희숙씨는 국회의원직을 사퇴하며 국민을 향해 눈을 부릅뜨고 화를 냈다. 윤씨가 화를 내야할 대상은 국민이 아니라 농지법 제23조 제1항이다. 부친 윤씨가 세종시 전의면에 농지를 취득하는 과정은 농지법이 안고 있는 허점을 고스란히 보여주고 있다.

부친 윤씨는 2016년 3월 23일 '자기 노동력'으로 영농을 하겠다는 농업경영계획서와 농지취득자격증명신청서를 제출해

서 농지취득 자격을 취득했다. 2016년 5월 9일에는 세종시 전의면 소재 답 1만871m²(약 3300평)를 8억2,200만 원에 매입했다. (해당농지는 2013년 3월 경매를 통해 4억1,200만 원에 낙찰되어 소유자가 바뀌었음. 3년 만에 두 배가 오름)

윤씨는 단 하루도 농사를 짓지 않고 2016년 6월부터 2021년 6월까지 5년간 농어촌공사에 임대차를 위탁했다. 종전에 농사를 짓던 임차인 A씨가 계속 농사를 짓기로 했다. 임대료는 1년 쌀 7가마 값을 받기로 했다고 한다. 2016년 말 산지 쌀 수매가격이 1등급 80kg 기준으로 12만9,807원이다. 연 90만8,649원을 임대료로 받았다.

논 1필지(1,200평)의 전국 평균 수확량은 80kg 25가마다. 3,300평이면 평균 69가마가 나온다. 임대료는 수확량이 많은 전북 김제의 논이 40%, 상대적으로 수확량이 적은 전북 완주는 30% 정도다. 그렇다면 해당 논은 20가마 안팎을 받을 수 있다. 어떤 이유인지 윤씨는 7가마만 받았다고 한다. 착한 임대인인지 다른 속셈이 있는지는 알 수 없다.

5년이 지난 후 윤씨는 납득할 수 없는 행동을 한다. 2011년부터 서울 동대문구에 거주했던 윤씨는 2020년 12월 22일 세종시 전의면 소재 임차인 A씨의 집으로 전입을 했다. A씨 증언에 따르면 가끔 서너 번을 자고 갔다고 하니 명백히 위장전입이고 주민등록법 위반이다. 윤씨는 임대차기간이 끝나면 자경을 하기 위해 전입을 했다고 주장하지만 당시 나이가 직접 농사짓기 어려운 85세였다.

더구나 불과 12일 후인 2021년 1월 3일 윤씨와 A씨는 2024년 1월까지 3년간 임대차계약을 체결한다. 이는 농지법에서 금지하는 사인 간 임대차계약이다. 1996년 1월 1일 이후 소유권이 변경된 농지(상속농지는 예외 인정)는 반드시 농어촌공사 농지은행을 통해 임대차계약을 체결해야 한다. 윤씨가 임대차계약 연장을 안 하고, 위장전입까지 한 이유는 아마도 상당한 시세차익을 붙여서 해당농지를 매각할 때가 되었기 때문일 것으로 짐작된다.

윤씨는 2021년 7월 26일 다시 서울 동대문구로 재전입을 한다. 당시 국민권익위원회에서 국회의원 직계존비속의 부동산 전수조사에 들어간 것과 무관하지 않다. 2021년 9월 윤희숙씨는 아버지의 농지투기에 책임을 진다며 의원직을 사퇴했다. 윤씨가 '자기 노동력'으로 영농을 하겠다는 약속을 단 하루도 안 지켰고, 농지은행을 통한 임대차계약이 이루어지지 않았음에도 세종시는 즉시 농지매각명령을 내리지 않았다.

의원직 사퇴 석 달 만에 윤희숙은 국민의힘 선대위원회에 참여했다. 부친이 논을 매각해서 차익을 사회에 환원하기로 했다고 한다. 2016년 3월 평당 24만9,000원에 매입한 논은 5년 반만에 윤희숙의 표현에 따르면 '시세보다 조금 싼 평당 50

만 원'에 매물로 나왔다. 하지만 이 논은 자진매각이 아니라 매각명령대상이다. 이 건 분명히 해두자.

제2, 제3의 윤희숙 부친은 널려 있다

제2, 제3의 윤희숙 부친은 널려있다. 2021년 10월 5일 농식품부 국정감사장에서 민주당 위성곤 의원이 이런 자료를 공개했다. 2010~2020년 11년간 농지를 구입한 사람 5명 중 1명은 직접 농사를 짓지 않고 3년 이내에 다른 경작자에게 빌려주는 것으로 나타났다. 11년 동안 농지은행에 임대수탁을 신청한 면적은 11만9,706ha다. 농지매입 후 임대수탁을 한 비율이 1년 이내 12.8%(1만4,929건), 1년 초과~2년 이내 5.2%(6,075건), 2년 초과~3년 이내(4,800건) 4.1%, 3년 초과 77.8%(90,425건)로 나타났다. 임대수탁 신청면적 중 관외거주자가 보유한 면적은 7만2,200ha로 전체의 60.3%다.

이들은 농지구매 후 바로 임대수탁을 하거나 영농의사가 없음에도 허위로 농지취득자격증명을 발급받았을 가능성이 크다. 하지만 2019년 기준 전국에서 농지처분의무통지를 받은 농지는 고작 887ha 뿐이다. 이중 78.5%인 696ha가 무단휴경 때문이다.

2021년 10월 15일 한국농어촌공사 국정감사에서도 비슷한 지적이 나왔다. 민주당 최인호 의원은 2020년 농어촌공사에 임대를 위탁한 농지의 90%가 직접 농사를 짓겠다고 매매·증여를 했으나 이를 지키지 않았다고 주장했다. 2020년 농어촌공사가 위탁 받은 농지는 1만3,932ha다. 이중 90%가 직접 농사를 짓지 않은 사람이 소유하고 있다는 뜻이다. 특히 위탁농지의 62%(8,665ha)는 관외 거주자 소유다. 심지어 관외 거주자를 지역별로 보면 서울 2,264ha, 경기 2,165ha, 광주 554ha, 부산 454ha, 인천 448ha, 대구 368ha, 대전 328ha, 울산 195ha로 전체의 78%가 대도시에 몰려있다. 대도시 거주 비농민들이 농지를 매입후 농어촌공사에 위탁을 하는 방법으로 농지를 편법 소유한 것으로 볼 수 있다.

이렇게 대도시 거주 비농민들이 농지를 불법 편법으로 소유하는 우회통로는 농지법 제23조 제1항 6호다. 윤씨는 단 하루도 농사를 짓지 않았으므로 농지법 제23조 제1항 6호에 의한 임대의 예외조항을 적용받을 수 없다. 스스로 작성한 농지취득의 사유를 지키지 않았으니 행정관청은 매각명령을 내려야 한다.

윤희숙의 의원직 사퇴 직전 한국농어촌공사 지역지사에 전화를 했다.

"농지 취득후 단 하루도 농사를 짓지 않아도 임대차 위탁을 받아주나?"

"윤희숙씨 때문에 그러지요? 세종시가 농지취득자격증명을 내주었는데 농지 소유자가 피치 못할 사정이 있어서 위탁을 하겠다고 하면 우리는 받아줘야 한다."

"피치 못할 사정의 내부 규정이 있나?"

"그런 건 없다. 몸이 아프거나 군대를 갈 수도 있는 거 아니냐?"

세종시에 전화를 했다.

"자기 노동력으로 영농을 하겠다고 신고해서 농지취득자격증명을 얻었는데 전혀 농사를 짓지 않았다. 농지처분명령을 내려야 하지 않느냐?"

"한국농어촌공사가 이미 임대차위탁을 받아줬으니 우리가 할 일이 없다."

현장이 이렇게 돌아가는 것을 잘 아는 농지투기꾼들은 매매계약단계에서부터 임차인을 구해놓는다. 농사를 단 하루도 짓지 않아도 이렇게 해서 농지를 소유한다. 윤희숙의 부친은 기존 경작자에게 계속 임차를 하기로 하고, 매매계약이 끝난 후 세종시 전의면 논 3,300평을 농어촌공사에 위탁했다. 5년 후 윤희숙의 부친은 농어촌공사 위탁을 연장하지 않고 농지법에서 허용하지 않는 '사인 간 임대차'로 전환했다. 이 과정에서 임차인 주소지로 위장전입을 했다.

이렇게 윤희숙 부친은 농지법을 잘 아는 투기꾼의 모습을 보여주고 있다.

농식품부도 무한책임이 있다. LH사태 이후 농지법 개정안을 내놓고 있지만 정작 이 조항은 외면하고 있다. 내심 도시의 돈이 농촌으로 들어오는 통로를 열어줘야 한다고 생각하는 것 같다. 이렇게 고령농들이 은퇴하고, 비농업인 소유 농지는 누군가가 농사를 지을 것이라는 안일한 생각을 하는 것은 아닌지?

이 내목에서 농민들의 반발이 나온다. "평생 농사짓다 은퇴해서 노후자금으로 써야하는데 도시자금의 유입을 막으면 농지값이 하락할 것이다." 이런 우려는 농지연금을 실효성 있게 강화해서 해결해야한다.

농식품부와 국회 농해수위는 농지법 제23조 제1항 6호의 폐지를 외면하고 있다. 농어촌공사 위탁농지 전수조사를 통해 이 조항을 악용해서 농지를 취득한 사람들을 찾아내고, 해당 농지 매각명령, 이 조항이 자의적으로 해석되지 않도록 법 개정을 해야 한다. 이들은 LH사건 이후 농지법을 개정한다고 요란을 떨지만 정작 핵심은 찌르지 않고 있다. 경실련이 21대 국회의원 300명과 배우자의 농지소유 현황을 조사했더니 76명이 합계 40ha의 농지를 소유하고 있었다. 국회가 농지법 제23조

제1항 6호의 폐지를 외면한 이유가 이것이 아니기를 바란다.

두말할 것 없이 농지법 제23조 제1항 6호는 즉각 폐지해야 한다.

5장

쌀값·직불금 오르자 농지값·임차료도 껑충

농업이 어렵다고 한다. 농촌에 청년이 없다고 한다. 농사를 지어도 남는 게 없다고 한다.

그런데 청년이나 귀농인들이 농사를 짓고 싶어도 땅이 없다고 한다. 예전에 농민들에게 가장 애로사항이 뭐냐고 하면 농산물을 파는 것이라고 했다. 요즘 농업에 새로 진입하려는 사람들에게 물어보면 '땅 구하기' 라고 한다. 왜 이런 일이 벌어지고 있을까?

2020년 농지의 공시지가는 전국 평균 m^2당 3만7,637원이다. 평당 약 12만4,000원이다. 경기도가 34만2,000원으로 가장 높고, 가장 낮은 전남이 4만2,000원이다.

농지 값이 왜 이렇게 올랐을까?

우리나라는 대부분 고령농이 농업에 종사하고 있으며, 5% 정도의 농가만이 후계농을 확보하고 있다. 이 상태가 15년간 이어지면 농지의 84%가 비농업인 소유가 될 것이라는 비관적 예측도 있다.

상속받은 농지와 8년 자경 후 이농한 농지는 1인당 1만 m^2(약 3,030평)까지 아무런 제한 없이 소유가 가능하다. 심지어 상속농지를 훼손하고 그 자리에 공장을 지었는데도 행정관청은 원상회복 명령 외에 매각명령을 내릴 수 없다. 농지법에 대한 대법원 판결이 그렇다. 농업경영이나 농지처분 의무가 없으니 비농업인의 농지 소유가 날로 증가하는 주원인으로 작용하고 있다.

비농민 농지소유자들은 농사에 별 관심이 없다. 땅값만 관심을 가진다. 농지법이 개정된 1996년 1월 1일 이후에 소유권이 변경된 농지는 반드시 농지은행을 통해 임대차계약을 맺어야 한다. 농지은행에 위탁된 농지는 청년농이나 귀농인에게 우선 배정하도록 되어 있다. 현실은 그렇지 않다. 사인 간 임대차계약이 공공연히 일어난다. 사실상 소작이다. 이런 임대차계약서를 갖고는 농지원부를 만들 수 없다. 농지원부가 없으면 불이익을 많이 받는다. 심지어 상속농지는 소유시기에 관계없이 사인 간 임대차계약이 허용된다.

농지법에 허용하지 않는 방식의 사인 간 임대차계약의 규모가 얼마나 될까? 정확하게 알 수는 없다. 다만 2020년 공익형직불제 신청을 받을 때 농지은행 임대차계약서 또는 사인 간 임대차계약서를 제출하지 못한 농민이 14만 명이 넘었다. 임대차계약서가 없는 이들은 이장의 경작확인서만 제출했다.

양도소득세를 감면 받기위해 8년자경 자격을 만들려는 가짜농민, 임대소득을 감추고 싶은 지주, 상속 받은 땅값의 상승에만 관심 있는 도시거주 부재지주들, 몇 대를 내려오며 소유권이 복잡한 소규모 문중땅, 친지에게 관리를 맡기고 이민 간 땅주인, 그냥 계약서 써주기 싫어서 너 아니래도 농사지을 사람 많아 하는 땅주인 등등 임대차계약서 받기 어려운 경우 등 사연도 다양하다. (다만 2021년에는 다양한 예외조항을 두어서 임대차계약서를 제출하지 않은 신청자가 대거 줄었다.)

만약 농지법에서 허용하는 방식의 공식 임대차계약서만 인정한다면 농촌은 엄청난 혼란이 일어난다. 이 정도로 토지소유와 임대차제도가 엉망진창이 됐다.

농지임대차보호법 제정해야

농지가 '부동산'이나 '투기대상' 취급을 받으니 농지 값이나 임차료나 모두 치솟는다. 대표적 곡창지대인 김제 봉남들판의 논값과 임차료가 심상치 않다. 반듯하게 경지정리를 한 1,200평을 1필지라고 한다. 2017년 초 임차료가 현금선납 125만 원이었다. 2018년 초 140만 원으로 올랐다. 2019년에는 현지수매가격 18만5,000원×12가마로 계산해서 222만 원으로 폭등했다. 2021년 봄에는 250만 원을 불렀다. 산지 쌀값이 80kg 24만 원을 기록한다면 임차료는 288만 원으로 치솟는다.

이러니 논값도 터무니없이 뛴다. 필자가 처음 귀농한 2010년 봉남뜰의 논 1필지 값이 4,500만~5,000만 원이었다. 2018년 8,500만 원을 부르더니 2020년에는 1억2,000만 원, 2021년에는 1억4,000만 원을 부른다. 이 가격에 매물이 나오면 한나절을 넘기지 못하고 거래가 이루어진다. 이런 경우 돈은 대부분 도시에 사는 친인척이나 지인으로 부터 들어온다.

왜 이런 일이 벌어질까?

전북 김제시는 논 값과 임차료가 다른 지역에 비해 유난히 높다. 논 1,200평 1필지에서 작황이 좋으면 80kg 30가마를 수확하기 때문이다. 전국 평균은 25가마다. 또 실경작자로 인정받으면 2020년부터 시행된 공익형직불금을 받을 수 있고, 지자체에서 시행하는 농민수당도 받는다. 1필지 30가마가 나오는 전북 김제시는 임차료가 현물로 12가마다. 전북 완주군 소재 1필지 25가마가 나오는 논은 임차료가 9가마다. 이렇게 수확량의 35~40%가 임대료로 나가니 일제강점기를 역주행해서 조선시대 소작료 수준으로 돌아간 셈이다. 상가임대차보호법이 있다. 그런데 논밭임대차보호법은 없다.

쌀값이 오르고 공익형직불제가 시행되자 최대 수혜자는 실경작 농민이 아니라 임차농지의 주인이다. 농민들의 오랜 숙원이 쌀 80kg 24만 원이다. 2021년 봄 소매가 기준으로 이 가격에 근접했다. 2021년 3월 15일 통계청 발표 산지쌀값은 22만 1,400원으로 2020년 3월 18만9,544원보다 16.8% 올랐다. 산지쌀값은 매달 통계청이 전국 104개 시군의 종합미곡처리장과 도정공장 등 370여 곳 쌀값을 조사해서 나온다. 농협 매입가격이나 정부가 공공비축미를 수매할 때 기초가 된다.

쌀 80kg 24만 원은 대단한 가격이 아니다. 요즘은 밥 한 공기에 백미 80g이 들어가니 고작 240원이면 한 끼 쌀을 구할 수 있다. 쌀값이 오르면 임차료와 논값이 같이 올라가니 악순환의 연속이다. 공익형직불제 도입과 함께 이에 대한 대책을 마련해야 한다고 농업관료, 농민단체 간부, 국회의원 등 다양한 사람들에게 말했다. 대개 별로 심각성을 느끼지 않았다. 특히 농민단체들은 "일단 24만 원부터 달성하고 나서 따져보자"라고 했다. 그래서 누구 살림이 가장 좋아졌나? 농민단체들도 농지법 개정, 농지임대차보호에 관심을 더 많이 가져야 한다.

프랑스 경제학자 토마 피케티는 돈이 돈을 버는 속도가 노동이 돈을 버는 속도를 일정 수준이상으로 초과하면 그 간극은 돌이킬 수 없을 정도로 커진다고 했다. 땀보다 땅이 돈을 더 버는 사회는 건강하지 못한 사회다. 농지는 부동산이 아니다. 농지로 돈을 버는 속도가 농민들의 힘을 빼서는 안 된다.

농사짓는 사람보다 땅주인이 고소득

애써서 농사짓는 농민보다 땅주인이 더 많은 소득을 올리는 사례를 흔히 볼 수 있다. 땅주인이 직불금을 가로채고, 지자체에서 주는 연간 60만 원의 농민수당도 받는 경우도 흔하다.

김제평야 농업진흥지역에서 논 1,200평 한 필지를 임차해서 경작한다고 치자. 전체 경작면적 0.5ha이하는 소농직불금 120만 원을 받을 수 있지만, 다른 경작지가 있다고 치고 면적직불금으로 계산하자. 수리시설이 잘되어 있고 햇볕이 좋은 김제평야는 필지당 30가마 수확이 가능하다. 2020년 태풍과 수해로 작황이 예년보다 안 좋아서 25가마를 수확한 논도 많으니 이를 기준으로 잡자. 김제평야의 임차료는 자연재해로 수확량이 줄어도 11~12가마 고정이다.

임차료 조건

- 현금선납으로 3월에 계약을 했으면 2020년 3월 산지가격 18만9,544원×12가마=227만4,528원
- 현물후납이면 2020년 10~12월 산지가격 21만6,000원×12가마=259만2,000원

임차농 소득

- (80kg 25가마-현물후납 12가마)×2020년 10~12월 산지쌀값 21만6,000원=매출 280만8,000원
- 가족 인건비 포함하지 않은 영농비 100만 원 공제
- 1구간 면적직불금 82만 원 가산할 경우 수익 262만8,000원
- 직불금을 못 받을 경우 수익 180만8,000원

논주인 소득

- 현물후납 임대수입 259만2,000원
- 직불금을 부정 수급할 경우 82만 원을 더하면 341만2,000원

쌀값, 논값, 임차료의 관계

	산지쌀수매가격	전체농지중 임차농지	직접지불금예산	논값	임차료
2016년	12만9,807원				
2017년	15만3,213원	51.4%			125만 원
2018년	19만3,568원	44.9%		8,500만 원	140만 원
2019년	18만9,964원	47.2%	지난 5년 평균 1조7,000억 원	1억 원	222만 원
2020년	21만6,484원	48.7%	2조4,000억 원	1억2,000만 원	240만 원
2021년			2조4,000억 원	1억4,000만 원	250만 원

△ 산지쌀수매가격: 일반비1등 80kg 기준

△ 논값과 임차료: 전북 김제시 봉남면 1200평 1필지 기준

6장

상속농지의 비농업인 소유 제한해야

농지제도는 토지공개념과 헌법에 명문화된 경자유전의 원칙이라는 대전제에서 바라보아야 한다. 경자유전 원칙을 강화하는 제2의 농지개혁이 필요하다. 농지는 농사를 직접 짓는 사람이 소유하거나 점유해야 한다.

몇 해 전 어느 농업대학의 영농창업특성화과정 학생 160명에게 특강을 했다. "경자유전의 원칙을 아는 학생 손 들어보라"고 했더니 단 한 명이 손을 들었다. 장차 영농을 하겠다는 학생들조차 농지소유제도에 관심이 없다면 누가 이 문제를 해결하겠는가?

농지법은 개악의 길을 걸었다. 1996년부터 2020년까지 모두

15번 개정됐다. 비농민의 농지소유는 완화되고 농민자격은 느슨해졌다.

- 1996년 사전거주요건, 통작거리 요건 폐지
- 2003년 도시민의 주말체험농장용 농지소유 허용
- 2009년 영농여건불리농지 비농업인 소유 허용
- 2006, 2009년 비농업인의 농지소유 상한 확대
- 2008년 농업진흥지역을 해제할 경우 대체농지 마련 의무화 조항 폐지
- 2009년 농지관리위원회 폐지

도시민의 주말체험농장을 허용했더니 취지와 다르게 악용됐다. 2021년 봄 LH사건 때 드러났듯이 농업법인으로 위장한 기획부동산업자들이 개발예정지의 농지를 사들여서 쪼개기 판매를 했다. 예를 들어 500평 농지를 3평, 20평, 100평 식으로 지분판매를 했으니 지번 분할은 불가능하다. 주말농장을 위한 경계구분도 할 수 없다. 그런데도 농지를 쪼개기 매입한 소위 사회지도층들은 "주말농장용으로 샀다"고 강변을 했다.

LH사태 후 2021년 3월 24일 16번째로 농지법이 개정됐다. 농지소유의 예외조항에 따라 비농업인이 소유한 농지도 농업경영의 의무가 있다는 선언적 내용을 담았을 뿐이다. 2021년 7

월 24일 17번째로 농지법이 개정됐다. 농지취득자격 신청을 할 때 신청인의 직업과 영농경력을 추가하고, 주말농장도 구체적 계획서를 제출해야 한다. 사후에 투기용 취득으로 밝혀지면 신속하게 강제 처분할 수 있도록 했다. 농업진흥지역에서는 주말. 체험농장 용도의 농지 구입이 불가능하고 즉시처분 명령을 내린다.

농지원부는 1,000m² 이상을 경작하는 농업인의 농지소유나 임대차관계를 지방자치단체가 관리하는 행정자료용 장부다. 1973년 도입했지만 실제 등록률은 70% 정도다. 그나마 농지 소유자가 임차인에게 임대차계약서를 써주지 않고 자신의 이름으로 직접 농지원부를 만들어도 실제 임차인의 신고가 없으면 이를 찾아내기 어렵다. 농식품부는 농지법 시행령을 개정해서 1,000m² 미만 농지를 포함하여 모든 농지를 2023년까지 필지별로 등록하는 농지대장을 만들기로 했다. 인별 관리가 아니라 필지별 관리로 바꾸어서 사각지대 없이 농지를 관리하겠다고 한다. 2022년 4월 15일부터 개정 농지법시행령이 시행되면 지자체는 농지원부를 모든 필지를 기준으로 작성하고 명칭은 농지대장으로 바꿔야 한다.

이런 것은 본질을 외면한 미봉책이다. 그런데도 일부 보수언론은 사유재산권 침해, 정상적인 경제활동 위축, 과도한 세부담이라며 딴죽을 걸고 있다.

우리나라 국토의 65%가 산지다. 35%에 산업시설 학교 집을 지어야 한다. 그러다보니 가장 만만한 게 농지다. 전 국토의 15.6%가 농지이지만 그나마 해마다 줄어들고 있다. 1945년 해방 직후 전체농지는 232만ha이다. 2020년 전체농지는 156만4,797ha다. 아무리 생산성이 향상됐다고 하더라도 농지가 30%나 줄어들은 것은 비상상황이다.

1945년 8·15광복 직후 전체 농지 232만ha 중 자작농지는 전체 농지의 36.6%(85만ha) 뿐이었다. 농민의 50% 이상이 자기 땅이 한 뼘도 없는 완전 소작농이었다. 1950년 유사몰수 유상분배의 농지개혁을 통해 소작지는 전체 농지의 10% 미만으로 줄어들었다. 농민 155만 명이 농지개혁 대상 농지의 43.5%인 61만ha를 소유하게 됐다. 나머지 농지는 지주들이 3ha 안에서 소유하거나, 미리 소작인 등에게 매각하거나 은닉하며 개혁을 피해갔다. 그래도 미완의 농지개혁을 통해 내 농지를 가진 농민이 전체농민의 96%나 됐다. 농지개혁 덕분에 자작농들은 자식에게 고등교육을 시킬 수 있는 물적 기반을 마련했다. 농지개혁이 대한민국의 성장 동력을 제공했다고 볼 수 있다.

1948년 제정된 제헌헌법은 모든 농지는 농민에게 분배한다고 했다. 1987년 개정된 헌법에서도 '모든 농지의 소작제도는 금지된다'고 명시했다. 그런데 농지소유의 역사를 보면 세월을 되돌리고 있다.

농지법 개정이 아니라 농지개혁이다

전체농지 중 비농업인 소유 농지(통계청 농림어업총조사 원자료 분석)

1995년 33%

2015년 43.8%

전체농지 중 임차농지 비율(통계청 농가경제조사)

1990년 37.4%

1995년 42.2%

2000년 43.6%

2010년 47.9%

2015년 50.9%

2020년 48.7%

비농업인이 소유한 농지는 전체농지의 절반을 넘을 것으로 추정한다. 1945년 해방직후 소작농지는 전체농지의 63.4%였다. 1950년 농지개혁 후 소작농지는 10%로 줄었다. 그러나 2020년 임차농지는 48.7%로 늘어났다. 이렇게 역사가 거꾸로 흘러가니 제2의 농지개혁이 필요한 이유는 차고 넘친다.

2020년 12월 대통령직속 농어업·농어촌특별위원회가 발표한 '농지소유 및 이용 제도 정비방안' 보고서를 보자. 연구용역을 맡은 경남연구원이 2020년 9월 16일부터 12월 5일까지 경기 화성 안성 여주, 경남 거창의 6개 법정리에서 농지 전수조사를 했는데 비영농 부재지주의 농지가 324ha로 전체 조사면적 1,064ha의 30.5%를 차지했다. 특히 경기도 여주의 한 마을은 부재지주 농지비율이 91%나 됐다. 부재지주들은 대부분 상속 농지를 보유한 사람이다. 농지법에 따르면 개인 간 소작은 금지된다. 하지만 조사대상지에서 개인 간 임차 42%, 자경 36%, 농어촌공사를 통한 임차 7%, 휴경 5%로 나타났다.

1950년 이후 농지에 대한 전수조사가 없었다. 농지 소유와 이용실태에 대한 전수조사의 필요성이 높아지고 있지만 농식품부는 현황파악은 연구용역으로 가능하고, 불법소유 처벌은 농지담당공무원에게 사법권을 부여하면 된다고 안일한 입장을 고수하고 있다.

이렇게 비농업인이 보유한 상속농지가 늘어나다 보니 20대 국회에서 농민출신 김현권 의원이 상속농지의 소유를 제한하는 농지법 개정안을 발의했다. 법안 내용을 보면 상속농지나 이농자의 농지는 4년 안에 처분하거나 농지은행에 농지를 위탁 임대해야 한다. 농어촌공사 농지은행은 이렇게 확보한 농지를 귀농인과 청년농업인에게 안정적으로 공급할 수 있다. 하지만 이 법안은 상임위원회에서 논의조차 못하다 자동폐기됐다.

농업강국인 프랑스는 농민 자녀 중에 한 명은 농업학교를 나와서 농업을 물려받는다. 법인 형태이니 다른 자녀들은 법인의 지분을 상속 받는다. 만약 농업을 물려받을 자식이 없으면 농지은행을 통해 농민 자격을 갖춘 사람에게 임대를 한다. 임차농이 포기의사를 밝히지 않는 한 그 땅의 점유권은 계속 보장 된다. 이게 정상이다. 농지는 부동산이 아니기 때문이다.

7장

공공임대농지·시설을 대폭 늘려야

지속가능한 농업이 되려면 '미래세대'를 육성해야 한다. 해마다 8~9만 명 정도가 농업에 진입하고 있다. 청년농들도 꾸준히 진입하고 있다. 이들의 가장 큰 고충은 농사지을 땅 마련이다. 이들에게 농촌에 희망이 있다, 스마트팜이 미래의 희망이다, 이런 말만 하면 그건 사기꾼이다. 농사짓겠다는 사람에게 땅을 주어야 한다.

한국농어촌공사 농지은행이 보유한 공공임대용 농지는 얼마나 될까? 2021년 9월 발표한 국가식량계획을 보면 공공농지가 8,719ha라고 한다.

OECD 자료에 공적주택재고율 통계가 있다. 공적농지 관련 통계가 있는지 찾아보았지만 찾을 수 없었다. 외국에는 공적농지 라는 개념이 없는 것 같다.

2017년 문재인 정부 출범당시 10년 이상 장기공공임대주택은 135만호였다. 2020년 기준 170만호로 늘어났다. 전체 주택 수에서 차지하는 비중이 8%다. 170만호는 전체 임차가구 731만 가구의 20%를 차지한다. 2017년 공공임대 예산은 8조 7,638억 원이었는데 2020년에는 16조493억 원으로 증가한 덕분이다. 특히 2022년 공공임대 예산은 22조7613억 원이며 공공임대 재고목표치는 200만호다. OECD 통계(2020년 기준)에 따르면 공적주택재고율이 한국은 8.9%로 34개국 중 9위다. 문재인정부에서 많이 투자하고, 많이 지었다.

농업을 발전시키려면 공적주택에 투자하듯이 공적농지를 관리하고 투자해야 한다. 정부는 국가식량계획(2021~2025년)에서 공공농지를 1만ha 이상 늘리겠다고 했다. 이 정도 농지를 구입하려면 전국 평균 공시가격을 적용해도 4조원은 필요하다. 2020년 한 해 동안 공공임대주택 예산으로 16조 원 이상을 썼는데 공공농지 확보에 5년 동안 4조 원을 못쓰는가?

한국농어촌공사 농지은행사업비가 2021년 1조3,000억 원이다. 여기에는 맞춤형농지지원사업(공공임대용 농지매입사업+농지규모화사업), 농지임대수탁사업(임대 위탁 받은 농지를 전업농에게 임대), 경영회생지원 농지매입사업, 농지연금사업이 모두 포함되어 있다.

1990년 농지규모화사업으로 시작된 농지은행사업은 은퇴농, 자경 곤란자, 이농자 등의 농지를 매입하거나 임차 수탁 받아 농지 이용을 필요로 하는 창업농 등 농업인에게 농지를 매도하거나 임대하는 농지종합관리제도다.

공공임대용 농지매입사업은 고령 질병 등으로 은퇴나 이농 전업을 희망하는 농업인의 농지를 공사가 매입해서 청년후계농, 2030세대, 후계농, 귀농인, 일반농 순서로 우선권을 주어 임차한다. 2019년부터는 비농업인(상속자, 이농자)의 농지도 매입하고 있다. 대부분 농업진흥지역 논을 매입하고 있다.

하지만 수도작은 만 평 단위로 농사를 지어야 수익이 제대로 난다. 과수는 수확할 때까지 시간이 오래 걸린다. 노지 2,000~3,000평 공공임대를 얻어보아야 무얼 심어도 생계를 유지하기 쉽지 않다.

청년후계농이나 귀농인 셋 중에 둘 이상이 원래 농업기반이 없는 사람이다. 이들은 노지농사보다는 딸기 버섯 같은 시설재배를 선호한다. 농지는 물론 온실시공비와 재배시설 설치비가 필요하다. 이들이 선호하는 작목은 딸기, 토마토, 버섯이다. 재배시설규모는 600~1,000평 정도를 원한다. 이 정도를 하려면 투자금이 만만치 않다.

“스마트팜이 미래다” 반은 거짓말

<사례1>

한 청년후계농이 600평 연동비닐온실에 딸기재배 고설과 양액시설을 넣었다. 공사비가 2억1,000만 원 들었다. 평당 35만 원이다. 땅값은 별도다. 현재 국내 최고 수준의 수확을 하고 최고수준의 가격을 받는다 치자. 1만2,800kg × 1만773원 = 1억3,789만4,400원 매출이 나온다. 하지만 대개 초보농민들은 이 3분의 1 수준의 매출을 올린다.

<사례2>

한 청년농이 표고버섯 재배를 준비하고 있다. 시멘트바닥에 샌드위치패널로 벽체를 세우고 냉난방시설과 재배선반을 넣는데 200평(50평 재배사 4동)에 견적이 3억2,000만 원이 나왔다. 이런 시설에 연 2회 배지를 넣을 경우 1개동에 4만개, 4개동이면 16만개가 들어간다. 하지만 종균삽입, 예비배양, 배양실 이동을 돌려야 하니 연 10만개까지 가능하다. 배지 1개당 2,000원 매출을 올린다면 연 매출이 2억 원이다. 하지만 이 정도 매출은 버섯고수들에게 해당되는 이야기다. 이만큼 생산성을 높이고 판로를 확보하기까지 수많은 난관이 있다. 땅값도 마련해야 한다.

시설원예를 하고 싶은 청년농들이 운 좋게 공공임대용 농지를 얻어도 활용에 한계가 많다. 임대 농지에는 철거가 쉬운 농업용 간이시설만 농어촌공사 승인 후 설치가 가능하다. 농어촌공사는 종전에는 파이프조 단동형 비닐온실만 허용했으나 2020년 1월부터 '스마트팜 영농이 가능한' 파이프조 연동형 비닐온실까지 허용하고 있다고 한다. 그렇지만 단동이든 연동이든 가설물은 지상권 설정이 불가능하다. 따라서 대출 담보 설정도 안 되니 전액 본인부담으로 온실을 설치해야 한다.

지상권 설정 여부는 청년후계농 자금이나 귀농자금을 대출 받으려는 사람들에게도 어려움을 주고 있다. 자기 소유 농지가 있어도 철골조 유리온실이나 최소한 철골조에 내구성이 강한 비닐을 사용한 온실이라야 지상권 설정이 가능하다.

초보들은 파이프조 연동형비닐온실이면 스파트팜 영농이 충분히 가능하다. 이렇게 하면 지상권 설정이 안 된다. 땅값을 제외하더라도 600평이면 온실 시공비가 2억1,000만 원이다. 이 정도를 대출 없이 자부담으로 진행할 사람이 얼마나 있겠는가?

청년농들이 선호하는 시설원예를 확대하려면 과거 화훼단지로 사용했으나 폐업한 유휴시설 같은 것을 찾아내어 활용하는 방법을 모색해야 한다. 전국의 시설원예 온실은 5만 2,444ha다. 이 중에 스마트팜으로 쓸 만한 게 얼마나 될까? 농지은행이 실태조사를 해보면 좋겠다.

공공임대농지·시설을 확충하는 재원은 대규모농지를 택지나 공장용지로 전용하는 과정에서 발생하는 개발이익 중 일부를 활용하면 된다. 돈이 없는 게 아니라 의지와 철학의 문제다.

해방 후 농지개혁은 농사짓는 사람에게 땅을 주는 개혁이었다. 70년이 지나자 농지의 절반 이상이 비농민 손에 넘어갔다. 농지의 무분별한 전용은 농지투기와 거주용 집값폭등을 불러왔다.

농지를 농사짓는 사람에게 다시 돌려주는 제2의 농지개혁이 필요하다. 다음 사항이 빠진 농지개혁은 미봉책이고 눈속임이다.

□ 농지총량관리제 도입

□ 공공임대농지 확충

□ 비농업인의 농지소유 제한 강화와 농지법 제23조 제1항 6호 폐지

□ 비농업인의 상속농지 소유 제한

□ 8년 자경 농지의 양도소득세 감면규정 손질

□ 농지임대차보호법 제정

□ 농지연금의 확대 강화

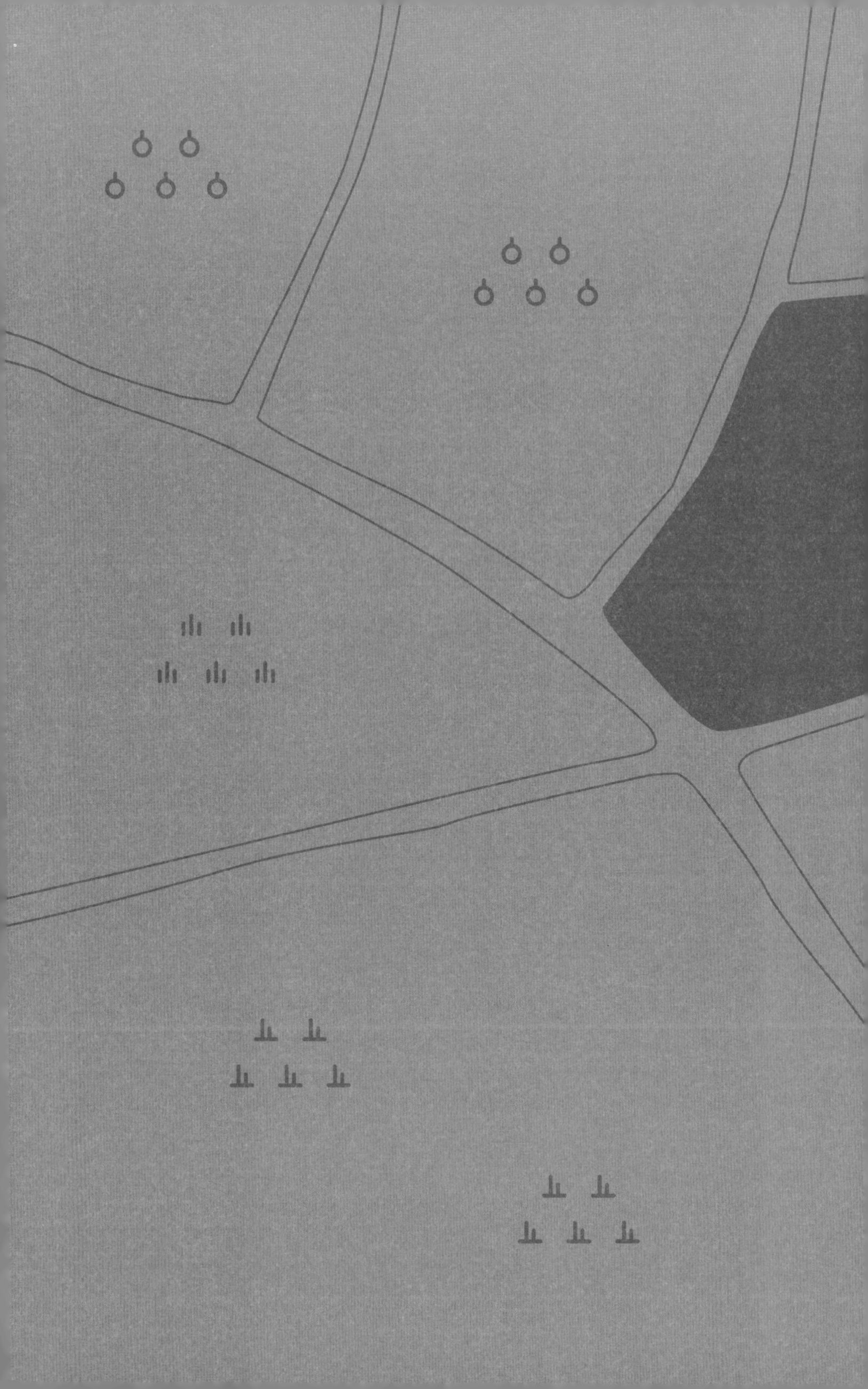

2부 청년농은 누구를 위해 존재하나?

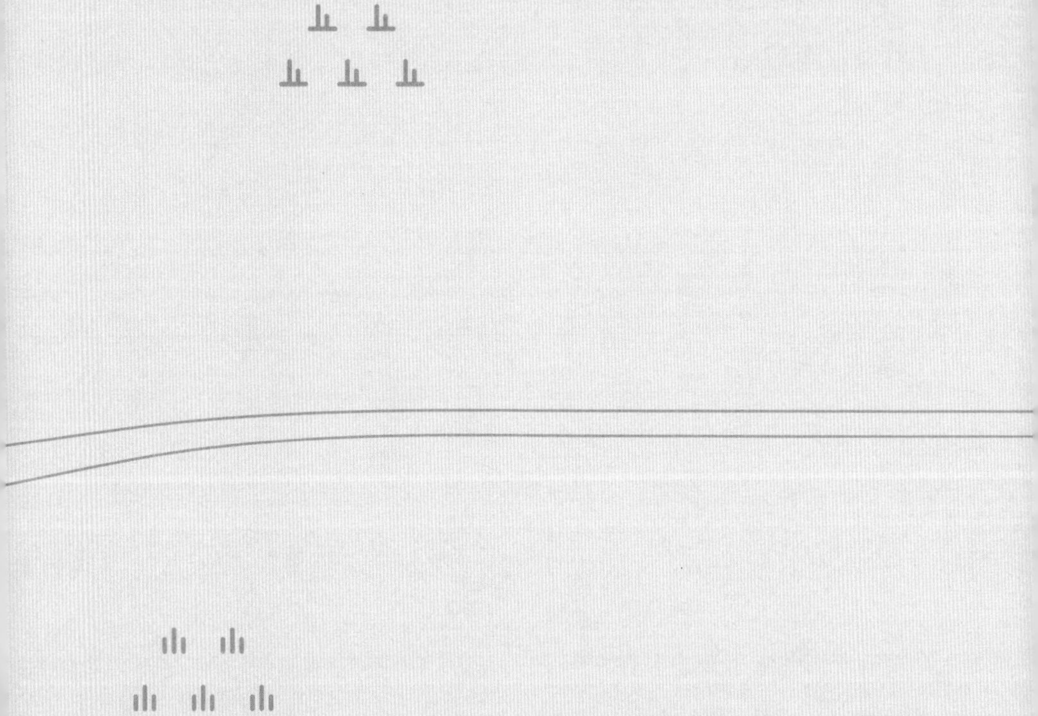

1장

3억 원 신용대출은 꿈같은 이야기

농업의 고령화는 날로 심해지고 있다. 2020년 농가인구 중 70세 이상이 29.3%, 60대 27.7%, 50대 18.3%다. 이들을 뺀 0~49세가 24.7%다. 농가 경영주의 평균나이는 66.1세인데 이 중 40대 이하는 7.2%뿐이다. 농업이 성장하고, 농촌이 무너지지 않으려면 농업 농촌에 지속적으로 청년층이 들어와야 한다.

농정당국은 해마다 3,000명 정도 청년농들이 농촌에 들어와야 농업이 유지될 수 있다고 한다. 관료들의 자리를 보전하기 위해 청년들이 농업에 진입하는 것이 아니다. 기존의 농민과 다른 새로운 농민층이 형성되고 이들에 의해 지속가능한 농업의 동력이 나와야 한다. 하지만 농업관료들이 청년농을 대하는 방식은 통제와 시혜라는 틀을 벗어나지 못하고 있다.

청년농은 기존 농민들과는 다른 새로운 생각과 생활양식을 갖고 있는 한국농업의 미래다. 청년들을 농촌에 유입하고, 관리하고, 그런 대상물이 아니다.

그렇다면 농정당국은 청년들과 함께 일할 준비가 되어 있는가?

후계농 육성사업에서 대표적인 것이 2018년 시작된 청년창업농(2021년 청년후계농으로 명칭 변경) 영농정착지원사업이다. 18세 이상, 40세 미만 청년을 선발해서 월 80~100만 원을 최대 3년간 바우처형태로 지원한다. 최대 3억 원까지 대출을 받을 수 있다. 2018년부터 2020년까지는 연 1,600명을, 2021년에는 1,800명을 선발했다. 4년간 6,600명을 선발했다. 2~3대 1의 경쟁률을 보인다. 2022년 정부예산이 560억 원 들어가는 사업이다.

이와 함께 후계농업경영인 육성사업이 있다. 만18세 이상, 50세 미만 영농경력 10년 이하를 선발하여 영농자금 최대 3억 원과 교육을 지원한다. 2021년 1,000명을 선정했는데 이중 616명이 20·30대다.

후계농이나 청년후계농 선정 후 5년이 지나 우수후계농(2021년 286명)으로 선정되면 최대 2억 원의 추가 대출을 받을 수 있다.

2021년의 경우 청년후계농 1,800명, 후계농업경영인 1,000

명을 선발했다. 과연 이들은 농업에 안착할 수 있을까? 바우처 지급이나 정책자금 융자가 큰 도움이 되었다는 후계농들이 많다. 3년간 바우처 지급이 없었으면 영농초기 어려움을 극복하기 어려웠을 것이라고 진심으로 이야기하는 청년을 여럿 만났다.

그렇다면 2018년부터 2021년까지 선발한 40세 미만 청년후계농 6,600명은 어떤 사람들인지 알아보자.

- 67.6%가 영농예정자다. 23.4%는 독립경영 3년 미만 농업인이다.
- 남성이 81.7%이고, 여성이 18.3%다.
- 비농업계 졸업자가 70.5%이고 농업계학교 졸업자는 29.5%다. 농업계 졸업자의 40% 이상이 한국농수산대학 출신이다.
- 36.2%는 부모의 영농기반이 전혀 없는 청년이다.
- 선정자가 선호하는 품목은 채소〉과수〉축산〉식량작물〉특용작물〉화훼 순이다.

청년후계농에 선정되면 세 가지 지원을 받을 수 있다.
- 최대 1차연도 100만 원, 2차연도 90만 원, 3차연도 80만 원의 지원금을 받는다.

- 최대 3억 원까지 연리 2%로 후계농업경영인육성자금을 대출 받을 수 있다. 5년 거치 10년 분할상환조건이다. (2018년, 2019년 선정자는 3년 거치 7년분할상환 조건)
- 농지은행 비축농지 임대나 매매를 우선적으로 지원 받는다.
- 해마다 의무교육시간을 채워야 하고, 농업외 경제활동에 제한이 있으며, 지원이 끝난 후에도 지원 받은 기간만큼의 의무영농기간이 있다.

청년후계농 선정자 대부분이 정책자금 대출을 희망한다. 정부가 공언한 최대 3억 원 대출, 농신보 보증비율 최대 95%, 이게 가능할까? 현실은 그렇지 않다. 이들의 평균 대출액이 1억5,000만 원이다.

청년농 울리는 농협과 농신보

농림수산업자신용보증기금(농신보) 이라는 게 있다. 농신보는 담보력이 부족한 농림수산업자에게 신용보증료를 받고 신용보증서를 발급하는 기금이다. 정부와 농협 축협 수협 산림조합이 기금을 출연했으며 관리는 농협중앙회가 맡고 있다. 청년후계농에 선정되면 농신보에서 신용도에 따라서 최대 95%까지 보증을 해준다고 한다.

실제 대출과정에서 농신보 신용보증서는 무력하다. 가령 1억 원을 대출할 때 농신보 50% 보증서가 있으면 신용대출 5,000만 원, 담보대출 5,000만 원이 일반적 상식이다. 하지만 지역농협은 1억 원에 대해 100% 이상의 담보를 요구한다. 농신보가 정부정책과 달리 내부운영규정을 근거로 지역농협에 그런 지침을 주었다.

실제 적용과정에서는 지역농협마다 대출한도를 잡는데 판단이 다르니 청년농들은 더욱 혼란스럽다. 감정가 전액, 감정가 70%, 실거래가 등등 사례마다 다르다. 수많은 사례를 접하다 보면 지역농협들이 무엇을 기준으로 대출을 하는지 필자도 잘 모르겠다.

대체로 농지는 담보설정을 잘해준다. 하지만 가령 시설원예 분야 영농을 하려면 재배시설이 필요하다. 청년농들이 선호하는 600평 규모의 파이프조 연동비닐하우스를 짓는데 2억 1,000만 원이 든다. 하지만 파이프조 연동비닐하우스는 가설물로 간주해서 지상권 설정이 안 된다. 최소한 철골조 연동비닐하우스를 지어야 지상권 설정이 된다. 이건 시공비가 2배 이상 들어간다.

이러다보면 요령이 나온다. 어떤 청년후계농은 대도시에 인

접한 곳에 농지를 구입한다. 가령 평당 60만 원짜리 농지 500평을 구입한다. 담보가치를 최대한 높여서 3억 원 대출을 받는다. 하지만 노지 500평에서 무슨 농사를 짓나? 영농개시는 이곳에서 하되 별도의 농지나 시설을 마련한다. 만약 영농을 포기하더라도 빚은 지지 않을 것이라는 계산을 했나 보다.

현장의 목소리를 들어보자.

- 3억 원 대출은 턱없이 부족하다. 5억 원으로 늘려 달라.
- 대출이자 연 2%를 1%로 낮춰 달라.
- 5년 거치 10년 분할상환을 5년 거치 15년 분할상환으로 완화해 달라.
- 2018년, 2019년 선정자는 3년 거치 7년 분할상환인데 사실상 상환하기 어렵다. 최소한 2020년 이후 선정자 기준으로 완화해 달라.
- 농협 시군지부나 지역 농·축협을 찾아가면 청년후계농 지원제도를 잘 모른다. 전문 담당자를 지정해 달라.
- 대출금은 영농운용자금만이 아니라 일부는 생활자금으로 쓸 수 있게 해 달라.
- 대출금을 본인이 생산하는 제품의 판매 가공 목적으로는 사용이 가능하지만, 사업 확장 개념으로 판매 체험장 설치 등 6차산업에도 쓸 수 있게 해 달라.

- 담보가 없으면 대출을 받지 못한다. 청년후계농으로 선정이 되면 농신보 보증비율만큼은 담보 없이 대출을 해 달라.

물론 이들의 주장이 모두 옳다고 할 수는 없다. 이에 대한 농협의 입장은 한결 같다. 후계농업경영인육성자금은 정부 보조금이 아니라 융자사업이라서 원리금상환 의무가 있다, 원리금을 상환하지 못하면 대출취급기관이 손실을 부담해야 한다, 따라서 대출을 할 때 개인 신용도와 담보물건의 가치를 평가하는 절차를 생략할 수 없다고 주장한다.

한편 농림축산식품부는 대출한도 증액, 거치와 분할상환 기간의 연장은 기획재정부와 협의가 필요하다는 설명을 반복하고 있다. 1972년 농신보 설립 이후 2020년까지 정부는 3조9,196억 원을 출연했고, 농수축협은 2조5,025억 원을 출연했다. 정부는 2021년 1,300억 원, 2022년 800억 원을 농신보에 추가 출연했다. 그런데도 정부의 농신보에 대한 통제력은 빈약하기 짝이 없다. 아니, 농신보의 결손을 걱정해서 농신보나 농협의 대출규제를 묵인 방조하는 것일지도 모르겠다.

전국 농지의 평균 공시지가(2020년)는 m^2당 3만7,637원이다. 평당 약 12만4,000원이다. 경기도가 34만2,000원으로 가장 높고, 가장 낮은 전남이 4만2,000원이다. 농지 1,000평을 매입하려면 적어도 1억5,000만 원이 필요하다. 청년농들이 선호하는 딸기나 토마토 스마트팜을 하려면 최소한 파이프조 연동비닐하우스를 지어야 한다. 600평이면 견적이 2억1,000만 원이 나온다. 이러니 부모의 농업기반이 없는 청년이 평균 1억5,000만 원 대출을 받아서 무얼 할 수 있을까? 농사를 지어서 5년 후부터 원리금 상환은 할 수 있을까? 그러니 공공임대농지 또는 공공임대시설의 확충이 유력한 해결책이다.

한 가지 짚고 넘어갈 게 있다. 해마다 한국농수산대학교 졸업생 200여 명이 청년후계농에 선발된다. 대규모 축산이나 수도작을 몇 십 만 평 단위로 하는 부농의 자녀들이 여러 명 있다. 물론 이들도 별도의 농업경영체를 설립해서 독립경영을 한다. 이들이 미래의 소중한 인적자원인 것은 분명하다. 하지만 '농수산대학 졸업생 = 억대 농부'라는 수식어는 그만 버리자. 졸업생 평균은 그 정도 할 수 있다. 하지만 부모의 농업기반이 없이 출발한 졸업생들의 소득은 얼마일까? 요즘에는 입학생의 30% 이상이 부모의 농업기반이 없다. 이들 대다수의 소득이 한국농민 전체평균을 넘어서지 못한다는 게 비밀 아닌 비밀이다.

부모 기반 없는 청년들이 농업에 투신할 때는 이렇게 냉혹한 현실을 직시해야 한다.

2장

막걸리는 되고 아메리카노는 안되나?

청년후계농 제도가 시행된 지 4년이 지났지만 바우처 사용을 둘러싼 논란이 끊이지 않고 있다. 바우처는 농가 경영비 및 일반 가계자금으로 사용 가능하다. 처음부터 그렇게 설계됐다. 문재인 대통령은 영농자금과 생활비로 쓰라고 지원하는 돈이라 했다. 예전 농민들은 일하다 힘들면 논두렁에서 막걸리 마셨듯이 청년농들은 힘들면 게임기 사서 게임도 하고, 여성들은 햇볕에 피부가 타면 피부 관리 받아도 좋다고 했다.

그런데 정치인 관료 언론은 자꾸 규제를 하려고 했다. 도덕적 해이를 이야기 했다. 극히 일부가 상식을 벗어나는 소비를 했지만 빈대 잡자고 초가삼간 태우는 안타까운 일이 벌어졌다.

2018년 사업 첫 해에 벌어진 일이다. 농민출신으로 농식품 부장관까지 지낸 야당 국회의원은 영농비로 쓰라고 줬더니 마트 편의점 식당에서 더 많이 썼다고 목소리를 높였다. 어느 신문은 커피숍에서 과다지출을 한 청년후계농이 있다고 비난을 했다. 사정을 알아보니 어느 청년농이 일과가 끝나면 매일 읍내 커피숍에서 2,000원짜리 아메리카노를 마셨다. 이 청년농은 커피 한 잔으로 하루 피로를 달랬다. 이게 그토록 비난 받을 일인가?

농민이 막걸리는 되고 아메리카노는 안되나?

많은 언론이 명품 백을 샀다, 외제차를 수리했다며 극소수의 사례를 들어서 비난을 퍼부었다. 이런 사례는 단 3건이다. 이에 대해서는 청년후계농 내부에서도 자성해야 한다는 목소리가 많이 나왔다. 농식품부는 사치품 등 사용할 수 없는 제한업종을 지정하는 방식에서 허용하는 업종에서만 사용하도록 지침을 바꾸었다.

정책혼선에 책임지지 않은 농업관료

2019년 봄 일부 무책임한 농업관료들이 책상에 앉아서 저지른 횡포를 참지 못해 참 많이 다투었다. 그때 보고 들은 그

대로 기록을 남기려고 한다. 농업관료가 누구를 위해 존재하는지, 그들이 어떤 방식으로 일하는지 국민과 청년후계농들이 알아야 한다.

2019년 1월 초 농식품부는 바우처 사용처 관리가 어렵다는 이유로 온라인쇼핑몰에서는 사용할 수 없다는 결정을 내렸다. 오프라인에서만 바우처를 사용하라고 하자 온라인쇼핑에 익숙한 청년후계농들의 항의가 빗발쳤다. "아이 기저귀를 온라인몰에서 싸게 구입했는데 이제는 자동차를 몰고 시내까지 나가서 사라는 겁니까?"라는 항의에 할 말이 없었다. 그나마 다행인 건 옥션과 지마켓에서 신속하게 새로운 결제시스템을 만들어준 덕분에 3월부터 온라인 사용이 재개됐다.

기어이 2019년 4월초 평지풍파가 일었다. 바우처를 받은지 1년이 지나면 각종 의무사항을 제대로 이행했는지 확인을 해야 한다. 이를 통과해야 2차년도 지원을 계속 받을 수 있다. 당시 농식품부 담당 실무책임자는 "애초 청창농 선발 기준을 너무 낮게 잡았다. 경제적 여유가 있는 부모를 둔 사람들이 많이 선발됐다. 내가 결자해지 심정으로 바로잡아놓겠다"며 마냥 결정을 미루었다. 1차년도 선발자 중에 본인이나 부모가 소득 상위계층이 있으니 선발기준을 낮추겠다고 했다. 심지어 첫해에는 기준에 부합해도 이후 부모나 본인의 소득과 자산이 기준을 넘으면 지원을 중단해야 한다고도 했다.

가령 부모나 본인의 건강보험료가 월 5만 원 이하가 선발 기준선이다. 그 기준에 맞아서 청년후계농에 선발됐다. 그런데 다음 해 부모가 사는 주택의 공시가격이 올라가서 지역건강보험료가 월 5만3,000원으로 인상됐다. 이런 경우 지원을 중단 하겠다고 했다. 이건 연좌제나 다름없다. 또는 청년후계농이 열심히 일한 덕에 소득이 다소 올라서 건강보험료가 인상될 수 있다. 이런 경우에도 바우처 지급을 중단하겠다고 했다.

그러는 사이 3월 초 담당 실무책임자의 인사발령(3월 21일자)이 났다. 업무인수인계를 하라고 3주 전에 발령을 냈으니 그동안 미처리 업무를 마무리 하는 게 상식이다. 하지만 담당 실무책임자는 아무 것도 결정하지 않았다. 아마도 새로운 지침이 발표될 경우 닥칠 풍파를 본인만 피하려고 그랬을 것 같다. 당시 담당 국장도 이런 상황을 방치했다.

후임 실무책임자는 업무파악도 다하지 못한 상태에서 3월 29일 전임자가 만들어놓은 이행점검 지침을 그대로 확정했다. 결국 4월 1일 청년후계농들의 카드에 바우처가 들어오지 않았다. 4월이면 영농비 나갈 일이 많은데 갑자기 지원금이 끊겼다.

지침대로 이행점검을 하려면 청년후계농들이 관련 서류를 제출하고 이를 검토하는데 최소한 2개월은 걸릴 판이다. 부모의 지역건강보험료 관련 서류는 온라인발급도 안됐다. 농촌에 거주하는 청년후계농이 도시에 사는 부모를 모시고 건보공단을 찾아가야 했다.

더구나 처음 선발할 때는 농지임대차계약서만 있으면 됐는데 느닷없이 농지원부를 추가 제출하라고 했다. 1996년 1월 1일 이후 소유권이 변경된 농지(상속농지는 예외 인정)는 농지법에 따라 농지은행을 통해 임대차계약을 맺어야 한다. 실제 농촌에서는 농지법이 허용하지 않는 사인 간 임대차계약서가 성행한다. 청년후계농 다수가 선발 당시에는 이런 사인 간 임대차계약서를 제출했다. 그런데 법적 요건을 갖추어야 만들 수 있는 농지원부를 제출하라고 하니 난리가 났다. 청년후계농들의 원성이 빗발치자 4월 2일 이개호 장관의 지시로 4월분 바우처를 주말까지 지급완료 하고, 이행점검은 나중에 하기로 했다.

이래서 정책실명제 필요

한바탕 난리 끝에 선 바우처 지급, 후 이행점검이 진행됐다. 농지원부 제출과 건강보험료 기준선 하향조정은 철회됐다. 하지만 전북 부안에서는 1년 사이 자산이 늘어나(은행대출로 체험시설을 증설했다) 건보료가 올라간 청년후계농에게 6개월간 바우처 지급이 중단되는 일이 벌어졌다.

평지풍파를 일으킨 공무원들은 이렇게 변명했다.

“국회가 바우처 사용처에 대해 지적을 하니 이 예산과 제도를 지키기 위해서는 규제를 할 수밖에 없다.”

후임 국장과 과장이 각종 규제를 완화하려고 애썼으나 전임자가 만들어놓은 것을 바로 폐지하기에는 관료사회의 속성으로 볼 때 어려움이 있었다. 그나마 후임자들이 현실을 반영하여 여러 독소조항을 없앤 것은 불행 중 다행이다.

자기가 책임지고 청년후계농 제도를 바로잡아놓겠다던 실무책임자는 어떻게 됐을까? 바로 가족과 함께 2년짜리 국비 해외연수를 떠났다. 이어서 육아휴직도 챙겼다. 도대체 무슨 책임을 졌는가? 이렇게 일을 하고도 승진을 하고, 퇴직을 하면 공공기관이나 협회에 재취업 하려고 할 것이다. 그들은 공무원사회의 진골인 행정고시 출신이기 때문이다.

그러면 해결책이 있는가? ‘정책실명제’를 도입하면 된다. 그게 안되니 이렇게 기록이라도 남긴다.

3장

12월인데 밭에 푸른 싹이 있어야 한다니

해마다 4월 중순 2~3대 1 정도의 경쟁을 뚫고 청년후계농에 선정되면 독립경영 기반을 마련해야 한다. 해를 넘기기 전에 농지를 확보하고 농산물품질관리원에 농업경영체 등록을 마쳐야 지원금 신청을 할 수 있다.

2020년 12월 수백 명의 청년후계농들이 가슴앓이를 했다. 부모에게 물려받거나 증여 받은 농지가 있다면 신속하게 농업경영체 등록을 하고 지원금 신청을 할 수 있다. 하지만 셋 중 한 명은 부모의 농업기반이 전혀 없는 사람들이다. 논밭에 작물이 심어져 있는 여름 가을에 농지를 사거나 빌릴 수 없다. 수확이 다 끝난 후 해야 한다.

예전에는 밭에 로터리를 치거나 비닐멀칭을 해놓으면 농사지을 준비가 됐다고 보고 농업경영체 등록을 받아줬다. 2020년 공익형직불제가 도입되며 농업경영체 등록절차가 강화됐다. 가짜농민을 걸러낸다는 명분을 내걸었다.

농산물품질관리원은 논밭에 작물이 심어져 있어야 농업경영체 등록을 받아줬다. 12월에 밭에 푸른 싹이 보여야 한다니 고지식한 사람들은 당혹해 하고, 눈치 빠른 사람들은 편법을 동원했다. 농산물품질관리원의 현장 실무자들 입장에서 지침은 지켜야 하고 옆에서 보기에는 딱하고 해서 요령을 알려줬다고 한다. 경기도 어느 지역에서는 밭에 대추나무 묘목 몇 개를 박아놓고 농업경영체 등록을 마쳤다. 어떤 청년후계농은 하우스 안에서 밀 싹을 틔워 잔디 심듯이 밭에 듬성듬성 박아놓고 농업경영체 등록을 마쳤다.

<사례>

경북지역 김○○씨는 2020년 5월 15일 청년후계농에게 선발됐다는 통보를 받았다. 농지은행에 미리 알아보니 11월이면 임대차가 가능한 땅이 나온다고 했다. 하지만 12월 2일이 되어서야 임대차 계약을 하자는 연락이 왔다. 농관원에 문의하니 "지금 작물이 밭에서 크고 있죠?" 라고 나왔다.

2020년에는 기한이 임박해서 경영체등록 시한이 3개월 연장(다시 3개월 연장) 됐다. 그런데 2021년 같은 일이 반복됐다. 경영체 등록기한을 주 작물의 정식기준에 맞추거나 선발 후 1년 이내로 하면 되는데 이러는 이유가 무얼까? 왜 해마다 12월이 되면 청년후계농들이 마음고생을 하고, 편법을 찾아나서게 하나?

이유는 하나다. '이렇게 안하면 서둘러서 경영체 등록을 안 한다'이다. 경영체 등록을 마치면 바로 돈을 받을 수 있는데 당사자들이라고 왜 지연시키려 할까? 아, 그러고보니 2019년 봄 청년후계농 업무 담당국장이 2020~2021년에는 농업경영체 등록 업무를 담당하는 국립농산물품질관리원의 원장이다. 그럼 그렇지!

도대체 청년후계농 제도는 누구를 위해 존재 하나?

4장

농민은 줄어도 농업공무원은 늘어난다

우리나라 농촌인구는 2020년 기준 976만4,000명이다. 1975년 기준 1,791만 명에 비하면 54.5% 수준이다. 농가인구는 2020년 기준 231만4,000명이다. 1975년 농가인구 1,324만4,000명의 고작 17.5%다. 이렇게 농촌인구도 줄고, 농가인구도 줄고, 청년도 줄어드는데 농업관료는 줄기는커녕 비대해지고 있다.

농업관련 공무원은 얼마나 될까? 2020년 6월 기준 농림축산식품부 정원이 3,563명이다. 2017년 정원이 3,277명이었으니 3년 동안 286명이 늘었다. 이들은 본부와 농림축산검역본부, 국립농산물품질관리원, 농식품공무원교육원, 한국농수산대학, 국립종자원 등 5개 소속기관에서 일하고 있다.

농촌진흥청 정원이 1,908명인데 본부와 국립농업과학원, 국립식량과학원, 국립원예특작과학원, 국립축산과학원 농촌인적자원개발센터 등 5개 소속기관에서 일하고 있다. 산림청 정원이 1,321명인데 본부와 11개 소속 기관에서 일하고 있다.

이렇게 3개 중앙부서와 소속기관에 소속된 공무원이 6,792명이다. 공무원 신분이 아닌 공무직, 계약직 이런 분야는 계산에 넣지도 않았다.

어디 그뿐인가. 농림축산식품부 산하 공기업과 준정부기관이 12개 있다. 한국마사회(정원 3,144명), 한국농어촌공사(6,747명), 한국농수산식품유통공사(877명), 농림수산식품교육문화정보원(169명), 축산물품질평가원(452명), 농림식품기술기획평가원(89명) 가축위생방역지원본부(1,270명), 농업정책보험금융원(76명), 국제식물검역인증원(49명), 한식진흥원(43명), 한국식품산업클러스터진흥원(92명), 축산환경관리원(40명) 등이다.

농촌진흥청 산하에는 농업기술실용화재단(324명), 산림청 산하에는 한국임업진흥원(248명), 한국산림복지진흥원(475명), 한국수목원정원관리원(449명)이 있다.

이렇듯 2021년 정원 기준 16개 공공기관에 1만4,544명이 있다. 공무원과 공기업·공공기관 직원을 합치면 모두 2만1,336명이다.

농업관련 공무원은 지역에도 있다. 전라북도의 경우 농축수산식품국, 도농업기술원, 농식품인력개발원이 있다. 8개 광역단체가 이런 조직을 갖고 있다. 또 전국 155개 광역·기초 지자체에는 도농업기술원과 시군구농업기술센터가 있다. 이렇듯 도 단위와 기초 단위 농업관련 부서에서 일하는 지방직공무원이 1만 명이 넘는다. 경기도 산하 경기농업진흥원처럼 도청 산하 농업관련 공공기관 임직원은 계산에 넣지도 않았다.

이렇듯 농업관련 중앙·지방공무원과 공공기관 임직원 3만 1,336명은 누구를 위해 존재하는가?

이뿐이 아니다. 농협중앙회(경제지주 금융지주 농협은행 농협생보 농협손보 농협하나로유통 농협양곡)와 전국 단위농협 1,118개에서 근무하는 임직원이 11만6,000명이나 있다. 농협은 누구를 위해 존재하는가?

사업을 잘게 쪼갤수록 몸집 불리기에 유리

이렇듯 공무원이 늘어나는 이유로 첫손꼽을 수 있는 것이 중기재정계획의 부재다. 중앙부처 하나에는 과 단위로 잘게 쪼개진 수백 개의 사업이 있다. 한 사업을 몇 년 하다보면 기재부에서 일정비율로 삭감을 한다. 이런 돈을 모아서 기후위기대

융이나 청년농 육성 같은 길게 보는 사업에 투입해야 한다. 하지만 기재부가 과 단위 예산총액은 보장해 주기 때문에 해당 과는 신규 사업을 벌인다. 그러다보면 중앙정부가 해서는 안 되는 사업, 할 필요가 없는 사업을 하게 된다. 한 번 잘못 시작하면 조기에 중단하기 어렵다. 자칫하면 자체감사나 감사원 감사가 기다리기 때문이다.

기존 사업에 예산이 늘어났다고 행정안전부나 기재부에서 공무원이나 공공기관 직원 정원을 늘려주지 않는다. 그러나 신규 사업을 하면 증원에 유리하다. 이런 구조가 수십 년 이어지다 보면 과 단위 사업은 더 잘게 쪼개진다. 세분화된 사업별로 이해관계가 있는 집단이 얽혀 있으니 이걸 뒤늦게 구조조정하기 쉽지 않다.

김동연 전 부총리가 행정고시 폐지와 퇴직공무원의 재취업 제한을 주장해서 공무원사회에 파문이 일었다. 너는 온갖 혜택 다 받고나서 이제 와서 폐지를 주장 하냐는 반발이 나왔다. 어쨌든 김동연 전 부총리의 말은 모두 맞다.

공무원에게 4급 서기관 승진은 퇴직 후 재취업을 보장받는 1차 관문이다. 4급 이상으로 퇴직해야 산하 공공기관, 관련 협회 등에 재취업하기 쉽다. 산업통상자원부, 농림축산식품부, 국토교통부가 특히 재취업 자리가 많다. 농식품부 출신들이 주고받는 자리가 40여개는 되는데 좀처럼 줄어들지 않는다.

같은 4급이라도 5, 7, 9급 중 어느 지점에서 출발했냐에 따라 재취업의 수준이 달라진다. 9급에서 5급까지 올라가려면 평균 25년이 걸린다. 일부가 4급 서기관까지 승진해도 본부 과장을 맡는 경우는 아주 드물고 대개 소속기관으로 발령 난다.

중앙행정부처의 과장은 3급이나 4급이 맡는다. 과장은 작게는 수백억 원에서 많게는 방위사업청 같은 경우 조 단위의 예산을 집행 한다. 이들은 대부분이 행정고시 출신이다. (5급 행정직과 기술직으로 이름이 바뀌었지만 여전히 고시라고 부른다) 공무원 사이에서 같은 고시라도 기술직은 행정직보다 한 등급 아래로 보는 분위기가 있다. 고시 출신은 큰 과오가 없으면 2급까지 승진한다.

특정지역에서 태어나 특정 고등학교와 특정대학을 졸업하고 부모의 재력, 본인의 노력, 행운이 겹쳐 고시에 합격하고 연수가 끝나면 희망과 성적에 따라 부서배치를 받는다. 예전에는 기재부가 최고 선호부서였지만 요즘은 '워라밸'이 보장되는 문화관광체육부가 선호부서라고 한다. 농업관련 부처는 아무래도 인기가 덜 하다. 그러다보면 어떤 수습사무관은 농업현장을 전혀 모른 채 공직생활을 시작한다. 몇 년 지난 후 이들의 권한이 커진다는 게 문제다.

시험 한 번으로 이십년 세월을 뛰어넘는 공무원임용제도는 세계에서도 사례를 찾아보기 힘들다고 한다. 이는 일제강점기 때 고등문관시험의 잔재다. 조선왕조 권문세도가에서 친일파로 변신한 집안의 자제이거나 사회격변기에 큰돈을 번 중인출신 상공인의 자제들이 경성제대나 동경제국대학을 졸업하고 일본 고등문관시험 행정과나 사법과에 합격하면 2년 정도의 시보생활을 거친 후 군수 판사 검사로 발령이 난다. 불과 20대에 '영감님' 소리를 들었다.

일제로부터 해방이 되었지만 1948년 대한민국 정부는 고등고시령을 제정하고 이에 따라 고등고시 행정과와 고등고시 사법과를 시행했다. 1953년에는 고등고시 기술과를 추가했다. 이후 수도 없이 명칭이 바뀌었지만 여전히 행정고시라고 부른다.

행정고시는 폐지하고 공무원은 모두 7급이나 9급에서부터 시작하는 것이 맞다. 바닥에서부터 실무와 현장을 익히며 능력을 발휘해서 하나하나 승진하도록 해야 한다. 시험 한 번으로 인생이 결정되는 것은 요즘처럼 공정이 강조되는 사회에 어울리지 않는 구시대적 유물이다.

공무원은 정년 60세를 보장 받는다. 임금피크제도 없고, 승진을 못해도 호봉은 자동으로 올라간다. (공공기관은 기재부의 강압으로 박근혜 정부시절 임금피크제를 도입했다. 호봉제를 실시하는 공공기관은 거의 없다) 그런데도 4급 이상은 인사적체 해소를 핑계로 정년을 몇 년 앞두고 명예퇴직을 요구받는다. 고시출신이 1~2급에서 명예퇴직을 하면 공공기관장이나 임원급으로 재취업을 한다.

비고시출신이라도 3~4급까지 오르면 명예퇴직 후 공공기관의 상임이사나 1급 직원 또는 각종 협회의 상근임원으로 갈 수 있다.

각종 협회는 이해상충 때문에 퇴직 후 일정기간 취업제한에 걸릴 수 있다. 방법이 왜 없겠는가? 공공기관에 이미 자리 잡고 있는 퇴직공무원을 협회로 보내고, 새로 퇴직하는 사람은 공공기관으로 바로 보내면 된다.

공공기관 상임이사는 내부 발탁해야

농식품부, 농촌진흥청, 산림청에 소속된 공공기관은 16개다. 기관장을 포함한 상임이사가 모두 37명이다. 2020년 말 알리오 공시기준으로 보면 퇴직공무원 18명, 내부 승진 10명, 농업현장이나 정치권 등 외부 출신이 9명이다. 하지만 한국농어촌공사, 한국마사회, 한국농수산식품유통공사 등 셋을 뺀 나머지 13개 공공기관에서 내부승진으로 상근임원이 된 사례가 없다.

한국쌀가공협회, 한국작물보호협회, 한국전분당협회, 한국제분협회, 한국식품산업협회, 한국단미사료협회, 한국사료협회, 한국대두가공협회, 한국농수산물도매시장법인협회, 한국농기계공업협동조합, 한국종자산업협회, 한국유기질비료산업협동조합, 한국유가공협회, 한국화훼협회, 한국농어업재해보험협회, 대한곡물협회, 대한두채협회, 대한제당협회, 낙농진흥회 해외농업개발협회, 인천검역물관리협의회, 대한민국김치협회 등 각종 협회는 퇴직공무원들에게 자리를 만들어주어야 한다. 언제나 보면 퇴직공무원 20 여명이 이런 단체에서 근무하고 있다.

이들의 월급은 회원사들이 내는 회비에서 나온다. 협회는 각종 규제나 입법에 대응하기 위해 퇴직공무원을 영입하지만 그렇다고 적극적인 역할을 요구하지도 않는다. 그저 만일에 대비한 보험용이거나 잘못된 관행일 뿐이다.

행정부처의 인사담당부서는 산하 공공기관이나 각종 협회에 자기 몫이라고 생각하는 자리를 일상적으로 관리한다. 공공기관마다 채용 절차가 있음에도 불구하고 미리 자리를 보장해 주며 명예퇴직 신청을 받는다. 공공기관이나 협회에 재취업한 퇴직공무원들은 짧게는 2년, 길게는 6년까지 근무한다.

사회가 변하며 공직사회도 변하고 있다. 예전에는 당연시하던 일을 요즘은 조심스럽게 처리한다. 젊은 공무원들은 오랫동안 선배들이 누려왔던 특혜가 자기들에게도 주어질 것이라고 생각하지 않는 것 같다. 가능하면 60세까지 정년을 채우고 퇴직을 하고 싶어 한다.

공공기관장은 정권의 정무적 판단에 따라 결정할 수 있다. 적어도 상임이사나 1급 정도의 자리는 수십 년 간 해당 기관에서 일한 사람들에게 돌려주는 것이 옳다. 하다못해 외부출신들과 공정하게 경쟁할 기회라도 줘야한다. 16개 공공기관에 근무하는 직원이 1만4,544명이다. 이 중에 세 개 기관 10개 상근임원 자리만이 내부직원에게 열려 있다.

농촌인구, 농업인구는 날로 줄어든다.
농업관련 예산은 더욱 잘게 쪼개진다.
관련 공무원이나 공공기관 직원은 계속 늘어난다.
농민과 공감능력을 가진 공직자, 농촌현실을 제대로 아는 공직자는 많지 않다.
과연 우리의 농정당국은 새로운 청년세대들과 함께 할 준비가 되어 있는지 정말 의문이다.

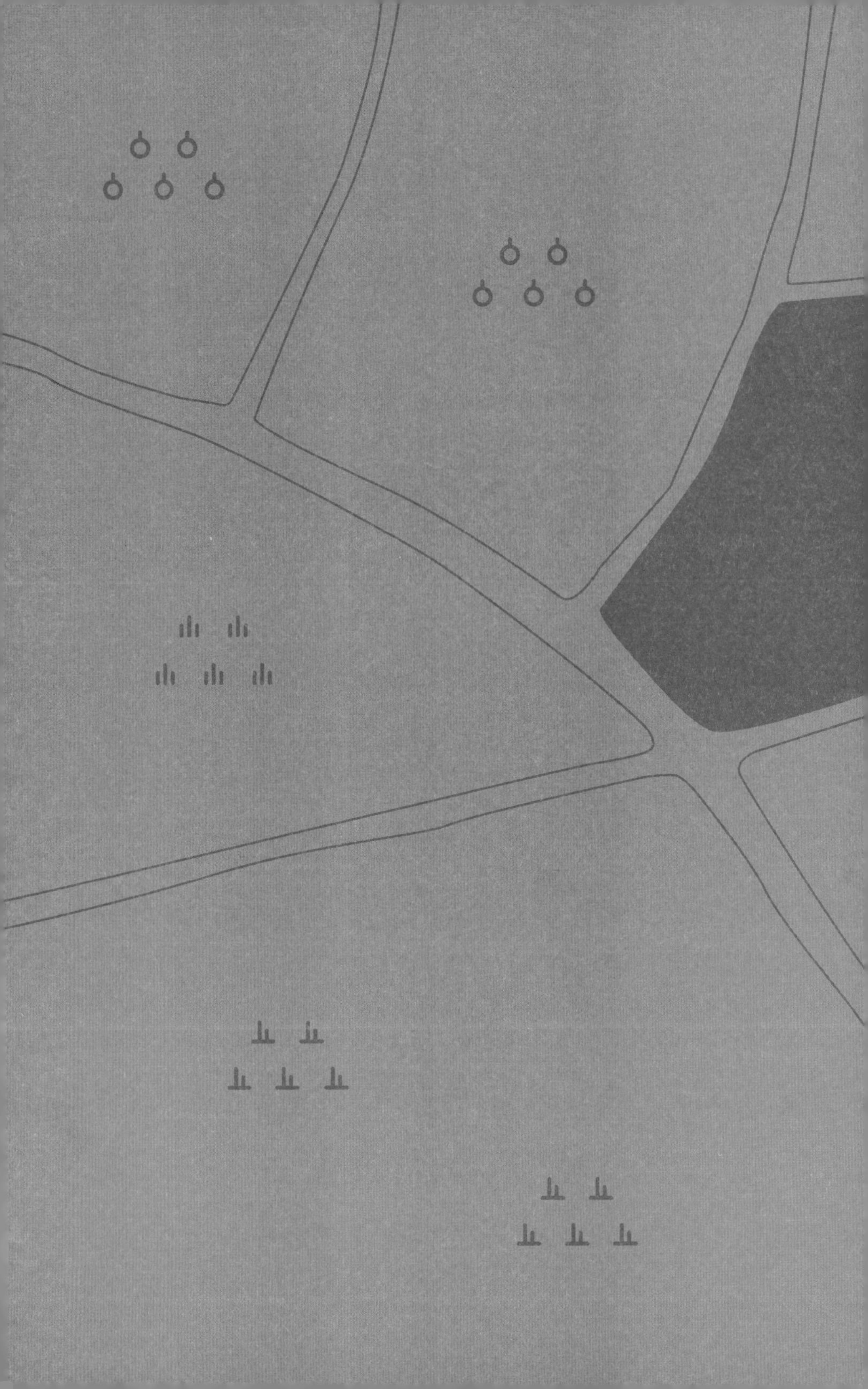

3부

공익형직불제, 농민수당, 농민기본소득

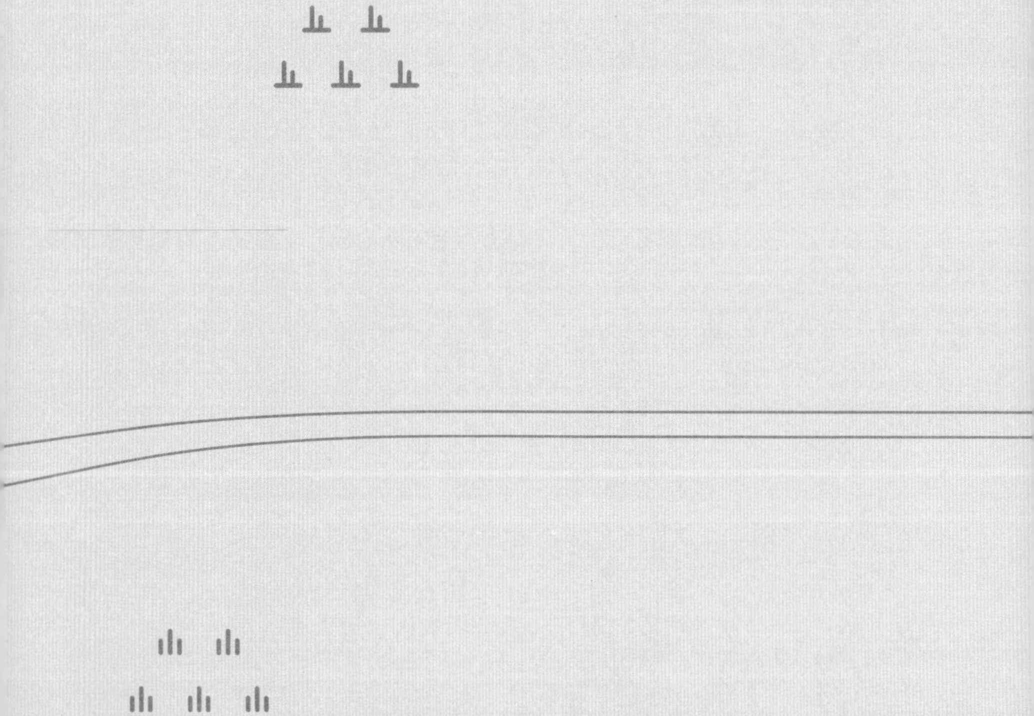

1장

농민기본소득, 세 개의 장벽을 넘어야

공익형직불제, 농민수당, 농민기본소득, 무엇이 맞나? 어느 방향으로 가야 하나? 농업이 갖는 공익적 가치나 다원적 기능 또는 국토의 균형발전 측면에서 치열한 논쟁이 벌어지고 있다. 솔직히 이러한 논의는 농업계 내부에 머물고 있다. 국민적 공감대를 얻지 못하고 있다.

공익형직불제는 '농업·농촌 공익기능 증진 직접지불제도 운영에 관한 법률'에 근거하여 2020년 5월 시행됐다. 2021년 예산은 2조4,000억 원이며 112만3,000 농업경영체에 지급된다. 논밭 차별 없이 모두 공익형직불금을 준다고 하지만 2020년 이전에도 쌀직불금을 받던 농민을 중심으로 설계 됐다.

농민수당은 2018년 12월 '해남군 농어업보전 등을 위한 농어민수당 지원 조례'에 따라 전남 해남군에서 처음 시작됐다. 지금은 대부분 지자체에서 시행한다. 충청남도는 농어업 가구당 연 80만 원, 경기도는 농민당 연 60만 원, 경남은 농민당 연 30만 원(부부는 연 60만 원)을 지급한다.

경기도는 2020년 2월 24일 '경기도 농민기본소득 지원 조례안'을 입법예고하여 처음으로 '농민기본소득'이라는 이름을 공식화했다.

세 가지 수당은 모두 농업. 농촌이 공익적 기능을 수행하고 있으므로 그에 대한 보상이 필요하다는 전제에서 출발한다. 다만 공익형직불제나 농민수당이 농가를 대상으로 지급하며 여러 의무사항을 요구하는 반면 농민기본소득은 보편성 무조건성 개별성을 강조한다.

이러한 농민기본소득이 가능하려면 세 개의 장벽을 넘어야 한다. 첫 번째는 "왜 농민에게 기본소득을 먼저 지급해야 하는가?"라는 질문에 대한 답변이다. 당장 다른 저소득계층과 형평성 문제가 나온다. 즉 국민 다수를 설득할 논리와 명분이 있어야 한다.

농업예산을 늘리는데 왜 국민의 지지가 필요한가? 많은 국민이 농어촌특별세를 낸다. 농특세는 농어업 경쟁력 강화, 농어촌생활환경 개선, 농어민 후생복지사업에 필요한 재원을 조달하기 위한 목적세다. 1994년 7월 1일 도입돼서 10년 단위로 두 번 연장되어 2024년 6월 30일까지 징수한다. 몇 년 후 농특세를 세 번 째 연장하려고 할 때 국민에게 무어라고 설명을 해야 하나?

2020년 농특세는 6조2,596억 원이 걷혔다. 이 가운데 3조6,157억 원은 증권거래세에 붙었고, 6,799억 원은 종합부동산세에 붙었다. 전체 농특세의 68%가 자산과세다. 이밖에 골프장 고급가구 모피 등에 붙는 개별소비세와 중대형주택의 취득세에도 농특세가 붙는다. 2021년에는 종부세가 5조7,000억 원이니 농특세도 1조1,400억으로 전년보다 두 배 이상 늘어났다. 종부세는 그렇다 치고, 수많은 주식투자자들이 수익을 내든 못 내든 거래할 때마다 농특세를 낸다. 그러니 농업 농촌의 공익적 가치에 대한 국민의 공감대가 필요하다.

대농들은 양보할 수 있을까?

두 번째는 농민 내부의 이해관계 조정이다. 농민 231만 명에게 연간 600만 원씩 지급하려면 13조8,000억 원이 필요하다. 직불금 등 재정지출통합 약 3조8,000억 원, 조세감면분 전환 약 6조2,000억 원, 재정절감 약 1조원, 예산조정이나 증가

등으로 약 2조8,000억 원을 마련하면 얼추 맞는다고 한다. 농민기본소득추진전국운동본부는 예산 상황을 고려하여 처음에는 농민 1인당 월 30만 원에서 시작하자고 제안한다. 공익형 직불금, 농민소득 등 중앙정부와 지자체에서 지급하는 농민직접지불금을 모두 합치는 것을 제안한다.

조세지출은 원래 내야할 세금인데 농업인이라서 빼주는 돈이다. 2020년 기준 농축임어업 분야의 조세지출은 7조5,200억 원이다. 내역을 보면 면세농산물 등 의제매입 세액공제 2조9,785억 원, 농축임어업용 기자재 부가세 영세율 1조9,359억 원, 자경농지 양도소득세 감면 1조4,820억 원, 농림어업용 석유류에 대한 부가세 감면 등 1조1,403억 원이다. 우리나라의 화석연료 보조금은 연간 3조5,000억 원 가량이다. 이 중에 1조1,403억 원이 농어민 면세유다. 가령 트랙터 2대, 콤바인 1대를 보유한 농가는 면세유를 받아서 자가용 한 대에 필요한 연료 정도는 충당할 수 있다. 이런 농가를 여럿 보았다.

이렇듯 조세지출은 대농일수록 혜택이 크다. 이들의 몫을 줄여서 모든 농민에게 고루 나눠주는 게 가능할까? 스스로 물어보자. 대농들이 기득권을 포기할 수 있는가? 각종 농민단체에는 대농들이 많이 참여한다.

세 번째 장벽은 농업예산의 구조조정이다. 2022년 농림축산식품부 예산은 16조8,767억 원이다. 이 예산은 집행하는 과

단위로 수 백 개의 칸막이가 쳐져 있다. 과 단위 사업은 해마다 더 잘게 쪼개진다. 그러니 농민에게 직접 지불하는 예산을 늘린다거나 기후대응과 탄소중립, 청년농 육성, 데이터기반농업의 확산, 농촌소멸 대응과 국토균형발전 등 시대적 과제에 대응하는 중장기계획을 세우기 어렵다. 이런 예산 구조조정은 정권 초기에 국정과제로 강력하게 밀어붙여야 관료사회의 반발을 제어할 수 있다. 더구나 정부예산은 편성단계부터 임자 있는 꼬리표가 붙어 있다. 수많은 이해관계자들이 복잡하게 얽혀 있다.

8년자경 양도세 감면 재검토해야

조세지출을 이야기한 김에 부가가치세와 양도소득세 이야기를 해보자. 참 뜨거운 감자다.

농민 중에 사업자등록을 하고 부가세나 소득세를 내는 사람은 많지 않다. 다음은 필자의 경험이다. 농업기술센터에서 농기계를 임대하려면 농업인공제보험에 들어야 한다. 보험료의 절반은 지자체에서 지원해 준다. 지역농협 직원이 "당신은 농민이 아니라 사업자라서 보험료 지원을 받기 어렵다"고 했다. 결국 보험료 지원을 받기는 했지만 그만큼 사업자등록을 낸

농민이 드물었던 모양이다.

한국 농민도 앞으로 부가세를 내야 한다. 현재는 배 농가가 배를 팔면 비과세이지만 배즙을 만들어 팔면 부가세를 낸다. 인삼 농가가 수삼을 팔면 비과세이지만 홍삼을 만들어 팔면 부가세를 낸다. 이러니 농민들이 매출이나 납세를 투명하게 관리하지 않는다. 다만 농업분야 부가세는 상대적으로 저세율을 적용하되 그 세금으로 지역위기나 기후변화에 대응하는 재원으로 사용하면 된다. 가령 독일의 부가세 표준세율은 19%이나 농산물에는 7%를 적용한다.

8년자경 농지의 양도소득세 2억 원 감면은 은퇴농이나 이농자를 위한 제도다. 이걸 악용하는 가짜농민들이 있다. 농지를 임대했는데도 자경을 한 것처럼 위장을 한다. 본인 이름으로 농지원부를 만들어놓고 실경작자가 받아야할 공익형직불금을 가로채기도 한다.

이런 부류가 얼마나 될까? 농업경영체 현황에서 주목해야 할 부분이 있다. 주거지와 경작지의 시군구가 다른 관외경작자다. 165만 농업경영체 전체의 13.8%가 관외경작자다. 특히 거주지는 서울인데 경작지는 다른 시군구에 있는 경우가 1만 7,019개나 된다. 가짜농민 고위험군이라고 볼 수 있다. 부산 대구 광주 등 대도시에도 관외경작자들이 많다.

농촌공동체가 가짜농민을 용납하지 않아야 한다. 하지만

농촌에 거주하는 고령의 은퇴농들이 이렇게 가짜농민으로 사는 경우를 많이 목격했다. 도시사람 탓만 할 게 아니다.

2장

반쪽 직불제, 누구는 공익에 기여하고 누구는 안하나?

문재인 정부는 '지속가능한 농업'을 전면에 내세우고 '농업의 공익적 가치'를 보장하겠다고 공언했다. '농업·농촌공익기능증진직불제도운영에 관한 법률' 에 근거해서 2020년 도입된 공익형직불제는 농업의 공익적 가치와 다원적 기능을 인정하는 바탕 위에 설계된 최초의 농민직접지불제도다.

공익형직불제는 문재인 대통령의 공약이다. 문재인 대통령 취임 후 대통령직속 정책기획위원회 농정개혁TF는 직접지불 예산을 2022년까지 농식품부 전체 예산의 30%인 5조2,000억 원으로 확대할 것을 제안했다. 이를 위해 해마다 기존 예산을 구조조정해서 5,000억 원을 직불금 예산으로 돌리고 농업예산 5,000억 원을 순수증액할 것을 주장했다. 대통령직속 농어업·농어촌특별위원회도 동일한 주장을 했다.

기존예산에서 5,000억 원을 조정한다는 것은 누군가에게 가던 예산을 빼내야 한다. 소위 기득권이 존재하는 예산이다. 특히 농업관료들이 중요시하는 농산업육성과 지역개발 예산의 대폭 손질이 필요하다.

공익형직불제는 농업의 공익적 가치 인정, 논밭 구별 없는 지급 이라는 점에서 우선은 긍정적이다. 국회에서 책정한 2020년 직불제 예산은 2조4,000억 원(이행점검비 포함)이다. 지난 5년간 평균 직불제 예산이 1조7,000억 원이었으니 종전보다 많이 늘어난 것은 사실이다. 2019년 말 국회에서 법률이 통과된 후 농식품부는 각계 의견을 수렴해서 2020년 4월 시행령과 시행규칙을 만들었다. 농민에게는 '그 전보다 적게 받는 사람은 아무도 없다'고 해야 하고 예산당국에는 '더 들어가는 예산은 없다'고 해야 하니 직불제 예산 2조4,000억 원에 모든 걸 꿰어 맞췄다.

원칙 없이 예산에 꿰어 맞춘 직불제

2017년 기준 고정직불금은 논 1ha당 100만 원, 밭 45만 원이다. 쌀은 변동직불금으로 79만 원이 추가 지급됐다. 직불예산의 80% 이상이 논에 주어질 정도로 논밭 차별이 심하다보니 밭 경작자들은 직불제에 관심이 적었다.

공익형직불제는 기본형과 선택형이 있다. 기본형은 논밭 구별 없이 지원을 하겠다는 취지가 무색하게 지급대상을 2017~2019년 1회라도 직불금을 받은 농지, 2016~2019년 1회라도 직불금을 받은 사람(농식품부장관이 인정하는 후계농이나 전업농은 예외), 연간 농업외종합소득이 3,700만 원 미만인 사람 등 세 가지 조건을 갖춘 농민으로 제한을 두었다. 예산 2조4,000억 원에 맞추려다보니 기득권만 인정해 주는 손쉬운 방법을 선택했다. 공익적 성격이 더 강한 선택형에는 친환경농업직불제, 친환경안전축산물직접지불제, 경관보전직접지불제가 있다. 이 같은 설계는 기존 쌀직불금을 받던 농민들의 반발을 의식한 무사안일 보신주의 행정의 결과물이다.

그러면 대농들은 어느 정도의 공익형직불금을 받을까? 2020년 기준으로 보자. 농업법인의 지급상한면적은 50ha이고 지급상한액은 9,514만 원이다. 모두 6개 법인이 상한액을 받았다. 들녘경영체는 지급상한면적 400ha이고 지급상한액은 7억 5,664만 원인데 해당 경영체가 없었다. 다만 한 들녘경영체가 312ha를 경작해서 최고액 5억8,800만 원을 받았다. 이런 공익형직불금은 대다수 농민에게는 꿈같은 이야기다. 2020년 수령자의 38.4%, 2021년 수령자의 40.2%가 120만 원을 받는 소농직불대상자다.

'그 전보다 적게 받는 사람이 없는' 것은 사실이다. 하지만 '2017~2019년 1회라도 직불금을 받은 농지'라는 단서 때문에 공익형직불제에 사각지대가 크게 생겼다. 2021년 전체 농지의 29.8% 정도가 직불금 신청을 하지 않았는데 '2017~2019년에 해당하는 땅' 과 '농업외종합소득 3,700만 원 초과' 중에서 어디에 해당하는지 제대로 된 통계가 없다.

명색이 공익형직불제인데 어떤 농지는 공익에 기여하고, 어떤 농지는 공익에 기여하지 못한다는 말인가? 이렇게 되면 공익형직불제가 농정패러다임의 전환인지, 소득보전수단인지 뒤죽박죽되어 버린다. 국회 농해수위 여야 의원들이 공익형직불제 개선안을 내놓고 있지만 추가 재원 1조원(추정)에 대한 대책은 없다.

2020년 9월 3일 국회 농림축산식품해양수산위원회와 농특위가 주최한 '농정예산 이대로 좋은가?' 정책토론회에서 당시 농식품부 정책기획관은 "공익형직불제의 기조에 찬성하며 그 방향으로 갈 것이다. 다만 신기술개발이나 SOC도 해야 하고 저소득층 지원도 유지해야 하니 직불금 확대는 속도조절의 필요가 있다"고 말했다. 그런데 농식품부는 2021년 공익형직불금 관련 예산을 한 푼도 늘이지 않았다. 심지어 지급대상농지가 감소해서 있는 예산도 다 못쓸 판이다. 2022년 예산도 단 한 푼 늘이지 않았다. 그 대신 스마트팜 빅데이터 인공지능 등 화려한 말로 치장한 예산은 계속 늘어나고 있다.

정치는 한정된 자원을 어떻게 분배할 것인가를 공론의 장으로 이끌어내서 이해당사자들이 타협점을 찾아내도록 하는 일이다. 하지만 공익직불제 도입과정에서 이런 절차는 그냥 무시됐다. 일종의 기득권을 보장하는 수준으로 시작됐다. '그 전에는 못 받던 농지를 계속 경작하는 농민' '그 전에는 못 받던 농지에 새롭게 경작하는 농민'을 어떻게 할지에 대한 토론과 합의가 필요하다. 재원이 없는 것은 아니다. 문재인 정부 전 기간 동안 전체 농업예산에서 농민에게 직접 지급하는 예산이 15%에서 18.5%로 늘어났을 뿐이다. 농업예산을 구조조정할 여지가 아직도 많다.

2020~2021년 기본직불금 비교

구분	신청건수 (소농/면적 건수)	신청면적(ha)			예상지급금액(억 원)		
		소농	면적	소계	소농	면적	소계
2020	1,121,000 (431,000+690,000)	143,000	985,000	1,128,000	5,174	17,579	22,753
2021	1,123,000 (451,000+672,000)	146,419	936,798	1,083,000	5,410	16,853	22,263
증감	2,000 (소농 20,000증가, 면적 18,000 감소)	3,419	△48,202	△45,000	236	△726	△490

△ 이와 별도로 2020년 선택형직불금으로 9만8,000명에게 795억 원을 지급했다. 기본직불금과 선택직불금을 뺀 나머지 예산 452억 원은 관리비다.

△ 전체 지급대상이 2,000명 늘어났지만 소농 직불 대상은 2만 명 증가하고, 면적직불 대상은 1만8,000명이 줄었다. 소농 직불이 늘어난 것은 신규진입농들의 영세화, 은퇴농의 복귀, 농지 쪼개기가 성행하는 것으로 해석할 수 있다.

△ 기본직불금의 72%는 논에 지급됐고, 28%가 밭에 지급됐다.

△ 특히 신청면적이 1년 만에 4만5,000ha나 줄었다. 전체 농지는 156만4,797ha(2020년 기준)인데 2021년 직불금 대상농지는 108만3,000ha에 머물렀다. 48만1,797ha가 빈다. 해마다 1만6,000ha 정도의 농지가 각종 용도변경으로 사라지는 것을 고려해도 46만5,797ha가 직불금을 신청하지 않거나 하고 싶어도 못했다.

직불금 대상 농지가 줄어든 이유는 무엇일까? 무엇보다 농지의 감소를 손꼽을 수 있다. 6차산업을 하는 농가가 2, 3차 분야에서 농업외종합소득을 3,700만 원(국세청 소득검증자료 기준) 이상 올리면 지급대상에서 제외된다. 요양등급을 받은 신청자에 대한 영농여부 실사 등 검증이 더 까다로운 점도 반영됐다.

2021년 직불금 예산은 기본직불금, 선택직불금, 운영비를 포함해서 2조4,000억 원이다. 그런데 기본직불금에서 490억 원이나 감소했다. 주어진 예산도 다 쓰지 못한다. 전체 농지의 29.8%에 달하는 사각지대 46만5,797ha의 성격을 규명하고 대책을 세우지 않으면 이런 일이 계속 일어난다.

세대교체 지연시키는 소농직불금

기본직불금은 소농직불과 면적직불로 나뉜다. 300~1,500평 규모의 소농에게는 연 120만 원을 소농직불금으로 지급하니 온갖 부작용이 나오고 있다. 은퇴농의 위장복귀, 고령농민의 은퇴시기 연장, 농지 쪼개기, 소농직불금 대상 농지의 가격상승 등이 일어나고 있다.

사실 부정수급자가 되려면 마을 이장의 협조가 필요하다. 현실적으로 쉬운 게 아니다. 부정수급은 농촌 내부에서 많이 일어난다. 부정수급자를 색출하는 일은 무엇보다 농촌공동체에서 나서야 한다.

2020년 공익형직불제가 시행되자 부정수급자들이 늘어나고 있다. 대체로 두 가지 유형이 있다. 첫 번째는 기계화가 잘 되어 있는 평야지역에서 일어난다. 은퇴농들이 트랙터 이앙기 콤바인 쌀건조시설을 갖춘 중장년 농민에게 경작을 맡긴다. 이들은 실경작자가 받아야할 직불금을 가로챈다. 중장년 농민은 규모의 경제를 갖출 수 있으니 크게 손해 볼 게 없다고 생각한다. 아니, 그런 조건에도 임대를 하겠다는 사람이 여럿 있으니 나에게 기회가 오면 울며 겨자 먹기로 받아들인다.

은퇴농들이 이러는 것은 양도소득세를 감면 받는 8년 자경 자격을 유지하기 위해서다. 부모가 7년 자경을 한 후 자녀가 상속 받아서 1년을 자경을 하면 합산해서 8년 자격을 인정해 준다. 지자체에서 지급하는 농민수당 연 60만 원은 덤이다. 모두 한 동네에서 오랫동안 거주한 사람들이니 부정수급자 신고가 쉽지 않다. 실제 농사를 짓는 중장년 농민들은 은퇴농을 원망하고 불신하니 나날이 농촌공동체는 무너진다.

2020년 공익형직불금 수령자 중 85세 이상이 5만7,963명이다. 100살 이상도 89명이나 된다. 물론 나이가 많다고 농사를 못 짓는 것은 아니다. 100살이 넘어도 내 손으로 농사를 지으면 직불금이든 농민수당이든 받을 수 있다. 하지만 필자가 전북 김제시의 한 마을에서 조사를 해보니 치매판정을 받고 요양원에 거주하는 90노인이 공익형직불금과 지자체 농민수당을 모두 받고 있었다.

농민도 은퇴시기를 정해야 한다. 일단 요양등급판정을 받은 노인들부터 농민자격을 상실시키는 것이 필요하다. 요양등급은 1~5등급이 있으니 기준을 정하면 된다. 1~2등급은 스스로 거동할 힘이 없다고 보아야 한다. 농식품부는 매년 4월 공익형직불금 신청을 받으면 국세청의 소득신고 자료 등 각종 공공데이터와 비교해서 부정수급자나 무자격자를 걸러낸다. 2021년부터는 직불금 신청자 명단과 건강보험공단에 있는 요양보호대상자 명단을 비교한 후 부정수급 위험군을 가려내고 있다.

2021년 공익형직불금 신청자 중 4만 여명이 장기요양등급 1~4등급을 받은 상태다. 특히 1~2등급이 4,000 여명이다. 그 중에서 1등급을 대상으로 지자체에서 현장점검을 했다. 400명 가까운 사람의 직불금 신청이 취소됐다. 하지만 요양등급 1등급을 받은 사람 심지어 '1등급에 1인경영체'인 사람 등 수 백명이 직불금 신청에 하자가 없다고 결정이 났다. 필자로서는 지방공무원과 토착유지의 결탁 외에는 달리 설명할 길이 없다. 이에 대해서는 해당 지자체가 명백히 해명을 해야 한다.

평생 뼈골 빠지게 일했는데 직불금이나 농민수당 받는 걸 시비 거냐고 할 수 있다. 고령노인에 대한 복지대책도 미흡하다. 빈곤노인층도 많다. 그렇다해도 이들은 복지의 대상이지 농업경영체를 지원하는 농업보조금의 대상은 아니다.

농민공동체가 앞장서서 부정수급 막아야

전남 해남에 거주하는 어느 이장이 전화를 했다. "85세를 넘긴 분이 소농직불금을 받을 만큼의 농지를 서류상으로만 자기 이름으로 돌리는 일이 빈번하다"고 하소연을 했다. 전북 김제의 한 농민은 "직불금을 땅주인이 받는 조건으로 논을 빌려주는 노인들이 있다"고 한탄 했다. 이들은 실제 경작자에게 지급해야 할 직불금을 가로채는 사람이야말로 농촌공동체 파괴자라고 목소리를 높였다.

공익형직불금 부정수급 근절에 농촌공동체가 나서야 한다. 농어업회의소가 그런 역할을 해야 한다. 문재인 정부는 경총이나 상공회의소처럼 농어업회의소를 농정의 상대로 삼으려 했다. 하지만 기존 농민단체의 이해관계가 뒤엉키며 농어업회의소 조직률은 여전히 낮다. 10년째 시범사업만 하고 있는데 여태껏 24개 지역에 농어업회의소가 만들어졌다. 21대 국회에 제출된 정부입법안과 의원입법안이 6건인데 합의점을 찾지 못하고 있다.

농산물품질관리원에는 부정수급신고센터(1644-8778)가 있다. 부정수급을 신고하면 익명성이 보장되고 50만 원 또는 환수금액의 30% 중에 높은 금액을 포상금으로 준다.

공익형직불제 사각지대 하루빨리 없애야

'2017~2019년 1회라도 직불금을 받은 농지' 조항에 걸려 여전히 공익형직불금을 받지 못하는 농민에 대한 대책을 세워야 한다. 어떤 농지는 공익에 기여하고, 어떤 농지는 공익에 기여하지 않는단 말인가? 필요예산을 단기간에 확보하기 쉽지 않다는 것을 인정한다. 그러면 선택형직불제를 통해 한 단계 한 단계 발전시켜 나가는 노력이라도 해야 한다.

청년농이나 탄소배출 저감농업을 선택하는 농지를 선택형직불제로 편입할 수 있다. 후계농을 육성한다며 정부가 선발한 청년후계농 중에서 375명(2020년 기준)이 공익형직불금을 받지 못했다. 직불금을 받을 수 없는 농지를 소유하거나 임차했기 때문이다. 40세 미만 청년농은 못 받는 공익형직불금을 요양원에 있는 노인이 받는다면 이건 명백히 설계 오류다.

2020년 국정감사를 앞두고 필자가 농해수위 국회의원과 이야기를 하다가 이런 사실을 알렸다. 국회의원이 이에 관련한 자료를 농식품부에 여러 차례 요청했다. 담당부서는 그런 자료가 없다고 모르쇠로 일관하며 끝내 내놓지 않았다. 청년후계농들이 대부분 가입한 인터넷카페에 들어가면 직불금을 못 받았다는 하소연이 수시로 올라온다. 이게 감춘다고 감추어질 일인가?

공익형직불제가 시작된 지 2년이 지났는데도 농식품부의 행정태만이 이어지고 있다. 2021년 10월 5일 농림축산식품해양수산위원회가 실시한 농식품부 국정감사장에서 김현수 농식품부장관의 발언이다.

> "2017~2019년 사각지대에 대해 수없이 자료조사와 현장조사를 하고 있다. 아직도 충분한 정보가 확보되지 않았다."

참으로 어처구니없다. 억울하게 직불금을 받지 못하는 농민을 위한 신고창구를 만들면 보름 안에 충분한 정보가 확보된다. 전수조사도 가능하다. 직불금 신청 시기에 이런 농민들의 항의에 시달리는 면사무소 공무원들의 이야기만 모아도 충분한 정보가 확보된다. 공익형직불금 사각지대의 장기간 방치에 대해서는 설계오류, 행정태만, 농민과 공감능력 바닥 등 어떤 비난을 들어도 농식품부는 할 말이 없다. 비록 늦었지만 사각지대에 대한 신속한 실태조사, 필요한 추가 재원 마련 방안을 내놓아야 한다. 이런 게 농식품부의 존재이유다.

이런 상황을 고려할 때 길게 보면 소농직불금은 농촌거주수당으로 개편을 해야 한다. 어떤 농민은 공익형직불금이 취미형 귀농자들의 용돈이 되었다고 비판을 한다. 하지만 국토의 균형발전, 농촌소멸 방지를 위해서 취미형이든 생계형이든 농촌에 거주하는 것은 의미가 있다. 위장전입자만 아니라면 농촌에 실제 거주하는 소농이나 비농민 모두 공익에 기여하고 있다.

공무원이 직불금 직접 받는 것 제한해야

내친김에 한 가지 더 짚어보자. 공무원 복무규정 제25조는 영리업무를 다음과 같이 규정한다.

- 상업 공업 금융업 그밖에 영리적인 업무를 스스로 경영하여 영리를 추구함이 현저한 업무
- 상업 공업 금융업 또는 그밖에 영리를 목적으로 하는 사기업체의 이사 감사업무를 집행하는 무한책임사원 지배인 발기인 또는 그밖에 임원이 되는 것.
- 본인의 직무와 관련이 있는 타인의 기업에 대한 투자
- 그밖에 지속적으로 재산상 이득을 목적으로 하는 업무

인사혁신처는 겸직 제한 업종에 '농업'이 명시되어 있지 않으므로 공무원의 농업겸직이 가능하다고 해석한다. 공무원의 농업겸업은 늘 논쟁거리였다. 시장개방이 가속화되자 쌀농가의 소득을 안정적으로 보장한다는 취지로 2005년 쌀직불금이 시작됐다. 2007년 감사원이 쌀직불금에 대한 감사를 벌였는데 2006년 쌀소득보전직불금을 받은 99만8,000명 가운데 약 28만 명이 직접 농사를 짓지 않는 사람으로 추정했다. 28만 명 가운데 공무원 4만400명, 공기업 6,200명, 금융계 8,400명, 회사원 9만9,900명이 포함되어 있어서 사회적 파장이 컸다.

당시 농림수산부는 '다른 직업을 갖고 있지만 농사를 겸하고 있는 사람들도 많다'며 부정수급 규모를 감사원 추정치의 100분의1 정도로 보았다. 급기야 2008년 10월 쌀직불금 부당

수령 의혹을 받은 이명박 정부의 이봉화 보건복지부차관이 사퇴하는 일이 벌어졌다. 이로 인해 행정안전부가 2008년말부터 2009년 8월까지 쌀직불금을 받은 공무원과 공기업 직원 2,988명을 조사해서 이 중 1,794명을 징계했다.

이런 파동을 겪었는데도 여전히 공무원이 농업을 겸업하는 것은 제한이 없다. 당연히 공무원도 농지법이 허용하는 범위에서 농지를 소유할 수 있다. 배우자도 경영체등록을 하고 농업이라는 직업을 가질 수 있다. 하지만 공무원 본인 소유의 농지를 이용해서 본인이든 배우자든 공익형직불금을 받는 것은 금지해야 한다. 지급대상 예외조항이 수도 없이 있는데 공무원을 포함시키는 게 그렇게 어려운 일인가? 나랏일도 하기 힘든 데 언제 겸업을 하나?

2018년 11월 필자가 농림수산식품교육문화정보원장에 취임하자 농식품부 감사관실에서 3년 임기제인 농정원장직과 농업을 겸업할 수 없으니 농업경영체 활동을 하지 말라고 했다. 그 때문에 직접 영농을 중단했고, 여러 영농조합과 협동조합의 비상근 무보수 임원직도 모두 사퇴했다. 모든 직업공무원에게 이렇게 동일한 기준을 적용하면 된다.

참고: 스위스의 공익형 직불제도

직불제 이야기가 나올 때마다 단골로 등장하는 나라가 스위스다. 스위스 연방농림청 예산 중 직불금 비중은 2020년 기준 80.7%다. 그 외 기본조건개선 및 사회보장(위험관리, 구조개선, 동식물육종, 지도기관) 3.9%, 생산 및 판매지원(우유 축산 작물 품질과 판매지원) 15.4%로 구성된다.

스위스는 연방헌법에 농업의 다원적 기능에 대한 보상으로 직접직불제도를 명시하고 있다. 직불제 대상이 스위스는 5만852개이고 한국은 112만3,000개(기본직불제)나 되니 단순비교는 어렵지만 우리가 배울 점이 많다. 스위스 농민이 직불금을 받기 위해서는 개별적인 직불종류별 의무 이외에 '생태적 성과증명'(직불제 시행령)이라는 기본의무를 준수해야 한다.

동물보호법령에 따른 동물보호, 시비 수지균형, 농지 중 일정비율을 생물학적 다양성 지원면적으로 운용(초지 목초지 해자 연못 등), 국가적 중요 대상물의 적법한 관리, 규칙에 따른 윤작, 적절한 토양보호, 작물보호제의 목적 지향적 선택 및 사용, 법령에 따른 종자 및 묘목 사용, 적절한 특수 작목, 법령에 따른 완충지대의 유지 등이다.

이런 의무를 전제로 7가지 직접지불제가 있다. (비율은 2020년 기준)

- 식량안보지불(38.6%): 기본적 식료생산 능력을 확보하기 위한 지불.
- 경작경관지불(18.7%): 산지 구릉지 경사지가 덤불이나 산림화되지 않도록 유지하는 활동에 지불.
- 생산체계지불(17.1%): 환경 및 동물 친화적 생산방식을 지원하는 지불로서 유기농 지불, 초지기반의 축산생산활동, 동물 친화적 축사, 규칙적 방목에 대한 지불 등.
- 생물다양성지불(15%): 생물다양성에 기여하는 17가지 토지이용 방식에 대해 지불.
- 경관품질지불(5.3%): 지역적인 특성과 문화적 가치를 가진 다양한 농업경관을 프로젝트 방식으로 지원.
- 자원효율성지불(2.8%): 농업활동에서 자원을 절약하는 활동을 지원하는 지불. 온실가스 저감, 농약과 사료의 물질배출 절감에 대해 지불.
- 이행지원지불(2.4%): 직불제 체계가 변화하며 그 이전에 비해서 직불금을 적게 받게 되는 경영체의 손해를 한시적 부분적으로 보충해 주는 지불.

이에 비하면 한국의 공익형직불제는 여전히 낮은 농가소득의 일부를 보전해 주는 성격이 강하다. '농업·농촌공익기능 증진 직접지불제도 운영에 관한 법률' 시행령에 의무사항이 있는데 농지의 형상 및 기능유지, 농약 및 화학비료 기준 준수,

교육 이수, 등록 농지 및 그 주변에 있는 폐기물 관리, 영농기록 작성 보관, 식량의 안정적 공급 국토환경 및 자연경관의 보전 생태계의 보전 또는 농촌사회의 고유한 전통과 문화의 보전 등과 관련한 마을공동체 활동 참여, 농산물의 유해물질 잔류기준 준수, 농산물 출하제한 명령 준수, 비료를 적정하게 보관하고 관리, 공공수역에 농약 및 가축분뇨를 버리거나 방치하지 말 것, 하천과 지하수의 적정 관리, 생태계 교란 생물을 반입 사육 재배하지 않을 것, 방제대상 병해충 발견시 신고 등이다. 이미 다른 법령에 명시된 내용일 뿐 아니라 너무나 뻔한 사항을 나열했을 뿐이다. 농민들은 2시간짜리 의무교육을 온라인으로 들으면 끝이라고 생각한다.

3장

그 농민지원예산 누가 다 먹었을까

(중앙이나 지방정부의 농민지원예산에는 구조조정할 부분이 곳곳에 널려있다. 2016년 5월 '뉴스타파'에 기고한 글을 일부 수정했다.)

농촌에 저온저장고 지원 사업이라는 게 있다. 농산물을 보관하는 3평짜리 저온저장고를 설치하는 비용을 지자체가 지원해 주는 사업이다. 농민 자부담 300만 원, 지자체 지원 300만 원을 합쳐 설치비가 600만 원이다. 내가 사는 지자체에서는 해마다 100개 정도를 지원하니 연간 3억 원의 예산이 집행된다.

이상한 일이 있다. 농민이 개인적으로 설비업자를 부르면 견적이 410만 원이 나온다. 그런데 '지원 사업'이라는 딱지가 붙으면 600만 원으로 껑충 뛴다. 그렇다고 부품을 더 좋은 것을 쓴다는 증거도 없다. 일부 약삭빠른 농민들은 설비업자에게 리베이트를 요구한다. 공사를 끝내고 지자체의 검사를 받은 후 지원금이 나오면 설비업자는 30만 원에서 많으면 50만 원을 농민에게 리베이트로 준다. 그래도 설비업자 입장에서는 140만 원이 남는 장사다. 그 돈은 도대체 누가 먹었을까?

20대 국회에서 유일한 농민출신인 더불어민주당 김현권 당선자는 "농업예산의 50%를 실질적으로 농사를 짓는 농민에게 직접 지급하겠다"는 공약을 발표해서 현장 농민에게 환영을 받았다. 더불어민주당은 이 내용을 총선공약으로 채택했다.

올해 농림축산식품부·농촌진흥청·산림청 등의 총 예산은 17조3,000억 원이다. 이 중 50%인 8조6,500억 원을 농민에게 직접 지급한다면 최저 150만 원 최고 450만 원씩 농민 1인당 평균 300만 원을 지급할 수 있다는 계산이 나온다.

농업선진국들은 농업예산의 대부분을 중간경로 없이 농민들에게 직접 지불하고 있다고 한다. 스위스는 농업예산 80%를 농민들에게 직접 지급한다. 유럽 평균이 72%, 미국 63%, 일본 52% 수준이다.

현재 전체 농업예산에서 농민에게 지원하는 예산은 38%인 6조5,740억 원이라고 한다. 하지만 농민에게 직접 현금으로 지급되는 건 12.6%인 2조1,798억 원뿐이다. 나머지 4조3,942억 원은 사업예산이다. 명목상 농민지원예산인데 농민에게 도달할 때까지 중간에서 줄줄 샌다.

국비만이 아니다. 도비나 시군비도 이런 식으로 중간에서 줄줄 샌다. 한 농민이 몇 해 전 도비와 군비 1억 원을 받아서 조그만 농산물가공공장을 지었다. 설계사무소에서부터 문제가 생겼다. 40평 규모 단순한 공장을 개인이 발주할 경우 설계비가 300만 원이면 된다. 그런데 지원 사업 딱지가 붙으니 어느 설계사무소를 가도 700만 원을 부른다. 그 차액 400만 원은 도대체 누가 먹었을까?

한 가지 사례를 더 들자. 배 재배농가들이 인공수정을 하기 위해 중국산 꽃가루를 구입한다. 개인이 구입하면 20g 한 봉지에 3만5,000원이다. 그런데 지원 50%, 자부담 50%로 구입을 하면 황당한 일이 벌어진다. 20g에 4만5,000원으로 가격이 뛴다. 무려 한 봉지에 1만 원이 비싸다. 농민 입장에서는 2만2,500원만 지출하면 되니 지원 사업으로 구입하는 걸 마다할 이유가 없다. 꽃가루 판매업자가 거둔 초과이익은 도대체 누가 먹었을까?

이렇게 국비 도비 시비로 집행되는 농민지원예산이 사업예산이라는 이름으로 비농민사업자에게 줄줄 새는데 농정당국과 지자체는 방관하고 있다. 그러니 비농민사업자나 인·허가

권자가 좋아하는 사업예산을 대폭 줄여야 한다. 국가나 지자체의 농업예산 중 50%를 농민에게 직접 지급하면 모든 단가가 뚝 떨어진다. 작지만 강한 농민, 강소농으로 성장하는데 종자돈이 된다. 최소한 고령영세농의 경우 농업을 유지하는데 큰 도움이 된다.

공짜니 일단 먹고 보자며 농산물가공시설을 지어놓고 그냥 놀리는 일도 줄어든다. 경영능력도 없으면서 무리하게 사업을 벌이다 빚만 잔뜩 떠안는 농민도 줄어든다. 경영능력이니 담보능력이니 핑계를 대며 극소수의 대농이 지원예산을 수차례 받는 폐단도 줄어든다.

아울러 직불금 정책도 방향을 다시 잡아야 한다. 농업선진국의 직불제는 농촌과 농업을 유지하기 위한 정책으로 집행된다. 그러나 우리나라는 가격을 지지하는 정책이다. 2015년산 쌀 80kg당 조수입 18만2,399원을 유지하기 위해 정부는 변동직불금으로 7,257억 원을 집행했다. 농지 규모에 따라 연 10만원을 받는 농민이 있는가 하면 수천만 원을 받는 농민도 있다. 논이모작·밭·조건불리·경관보전·친환경직불금도 경작면적에 따라 지급된다. 직불금이 소득재분배 역할을 하지 못하고 있다.

농업이 제 역할만 해준다면 식량과 공업원료로 쓰이는 작물을 생산하며, 생태와 문화를 보존하고, 국민에게 휴식공간을 제공하며, 청년이나 조기퇴직자들에게 좋은 일자리를 제공할 수 있다.

하지만 현실은 암담하다. 2015년 농가인구는 256만9,000명이다. 전체 인구의 5% 수준이다. 2000년 기준 403만1,000명에서 146만2,000명이나 감소했다. 인구의 감소도 문제이지만 65세 이상 고령인구 비중이 46.6%로 전체인구에서 노인 비중보다 세 배나 높다.

이런데도 농업관련 공무원이나 농업관련 공기업 임직원 숫자가 줄었다는 이야기는 듣지 못했다. 정부는 농민의 도덕성 운운하며 직불금 예산을 줄이겠다고 한다. 도대체 누구를 위한 공직자이며 누구를 위한 농업예산인가?

그 농민지원예산을 누가 다 먹었을까?

4장

농촌을 떠도는 '눈 먼 돈' 어찌할까

(2018년 3월 '서울신문'에 쓴 글이다. 3년이 지났지만 현실은 크게 변하지 않았다. 원문을 최대한 살리며 약간 수정을 했다.)

역대 정권마다 농업을 살리겠다며 막대한 돈을 쏟아 부었다. 그 덕분에 소위 억대 농부가 몇 만 명 나오기는 했다. 여전히 100만 농가는 힘들다고 한다.

문재인 대통령 개헌안은 '식량의 안정적 공급'과 '생태보전'이라는 농업의 공익적 가치를 명시하는 한편 국가가 농업지원에 필요한 계획을 시행해야 한다고 명시했다. 국가가 농업을 지원할 헌법적 근거를 제시했다.

솔직히 농민들이 받는 혜택은 꽤 많다. 필자는 유기농으로 배농사를 짓고 있는데 친환경직불금, 친환경인증비용, 친환경농산물 생산자재 구입비의 절반 등을 정부와 지자체가 현금으로 준다. 필자의 동생은 쌀농사를 짓는데 쌀소득보전직불금을 현금으로 받는다. 2016년 가을에 수확한 쌀의 경우 가격이 폭락해서 고정직불금과 변동직불금을 합쳐서 3,000평당 311만 원을 받았다. 농업용 전기와 면세유 사용, 일부 농자재에 부가세 감면, 소형농기계 구입 같이 농가부담을 줄여주는 지원도 있다.

하지만 농민지원예산에는 엉뚱한 곳으로 줄줄 새는 사업예산이 허다하다. 이런 것을 해결하지 않은 채 예산을 늘려보았자 밑 빠진 독에 물붓기다.

김제시에서 판매되는 유기질퇴비 20kg 한 포대 가격이 3,600원인데 농민은 2,300원을 부담한다. 나머지는 국비와 지방비에서 업체에 직접 지급한다. 그런데 3,600원이 적정 시장가격인지 의심스럽다. 보조사업 딱지가 붙으면 단가가 올라가기 때문이다.

개인이 주문하면 410만 원인데 보조사업으로 하면 600만 원인 소형저온창고 사업, 인공수정용 꽃가루 사업 등 도처가 복마전이다. 자부담 18%, 국고 56%, 지방비 26%로 진행되는 농작물재배보험도 농협손해보험 직원 고임금 일자리 보장해주는 도구가 아니냐는 농민의 불만이 그치지 않는다.

기획서 잘 쓰는 능력이 있으면 2억 원짜리 시설비의 70%를 무상으로 받을 수 있다. 자부담 30%도 적당히 머리 굴려서 업자들과 이중계약서 작성하면 절반 이하로 줄일 수 있다. 이런 사업이 많으면 좋아할 사람들이 있다. 당장 지원사업이라는 딱지가 붙으면 공장설계비, 건축시공비, 전기공사비 등 모든 단가가 50%는 올라간다. 비농민사업자들은 "지역에서 나누어 먹으라는 돈이지 농민 혼자 먹으라는 게 아니다"라고 막말을 한다. 실상이 이런데도 농업관료들은 "직불금을 늘리면 농민의 도덕적 해이가 일어난다"고 헛소리를 한다.

사례 하나를 더 들어보자. 농업관련 A 공공기관에서 농민사업자들에게 디자인개발(BI)을 지원한다고 한다. 한 업체당 디자인 개발에 2,000만 원, 이후 제품포장재 제작 인쇄 1,000만 원을 합쳐서 3,000만 원짜리 사업이다. 기관 지원이 2,100만 원, 자부담이 900만 원이다. A 기관이 올해 이 사업을 위해 책정한 예산이 5억 원이 넘는다. A 기관은 농민사업자만이 아니라 디자인회사도 선정을 한다. 지원대상 업체로 선정이 되면 '반드시' A 기관이 지정하는 몇 개의 디자인회사 중에서 하나와 계약을 해야 한다.

이웃에 6차산업을 하는 농민이 이 사업을 신청해서 선정된 적이 있다. 디자인 시안이 나왔는데 너무 수준이하다. 공짜라는 맛에 진행을 했는데 도저히 그런 디자인 시안을 쓸 수가 없다. 우여곡절 끝에 무려 2,000만 원짜리 디자인이 완성됐다. 이 농민은 일단 자부담 600만 원을 디자인회사에 지불했다. 그 다음은 지원 700만 원+자부담 300만 원짜리 포장재 제작에 들어갔다.

그러면 이걸로 끝나느냐? 물론 아니다. 이 농민은 디자인회사에서 자부담분 600만 원을 돌려받았다. 그래도 디자인회사는 1,400만 원의 매출을 올렸으니 괜찮은 장사를 한 셈이다. 지원을 받은 모든 농민이 이러지는 않았다. 공짜라는 말에 지원사업을 진행했다가 수준이하의 2,000만 원짜리 디자인 시안을 받아들고 한숨을 쉰 농민들도 많다. 물론 제대로 된 BI를 하려면 최소 2,000만 원은 들어간다. 하지만 이런 사업에서 나오는 결과물은 내 안목에서는 200만 원짜리 밖에 안 됐다. 어느 누가 보아도 그런 수준이다.

대안이 있나? A 기관이 디자인회사를 선정할 때 제대로 하면 된다. 적어도 2,000만 원짜리 BI 작업을 할 수준이 있는 디자인회사를 선정하면 부작용을 최소화할 수 있다. 그럴듯한 과거실적과 서류가 아니라 실제 포트폴리오를 공개하고 그걸 공정하게 심사해야 한다.

강당에 디자인회사의 포트폴리오를 쭉 전시한다. 이 사업에 관심이 있는 농민들이 모두 나와서 점수를 매긴다. 필요하면 전문가 평가도 합치면 된다.

해결책은 정치권에서 이미 나왔다. 민주당은 2016년 총선 공약으로 '농업예산의 50%를 농민에게 직접 지급하겠다'고 했다. 문재인 후보도 '공익형직불금'을 늘리겠다고 공약했다. 이런 게 선진국 방식이다. 유럽 평균 72%, 미국 63%, 일본 52% 수준이다. 우리나라는 올해 예산에서 직접 지급비율이 15%도 안 된다.

2018년 농림축산식품부 예산은 14조4,999억 원이다. 이 중 50%인 7조2,500억 원을 108만7,000 농가에 직접 지급한다면 평균 670만 원을 지급할 수 있다. 여기에 광역 기초단체별로 수천억에서 수십억 원 규모의 농민지원예산도 있다.

한국농업을 살릴 의지가 있다면 '직접지급비율 목표제'를 실시해야 한다. 비율만 높여서는 안 된다. 내용도 바뀌어야 한다. 2016년산 쌀에 대해 정부는 직불금으로 2조3,140억 원을 지출했다. 그런데 직불금의 절반이 면적 기준 상위 10% 농가에 지급 됐다. 하위 50% 농가는 전체 금액의 5%를 받았을 뿐이다.

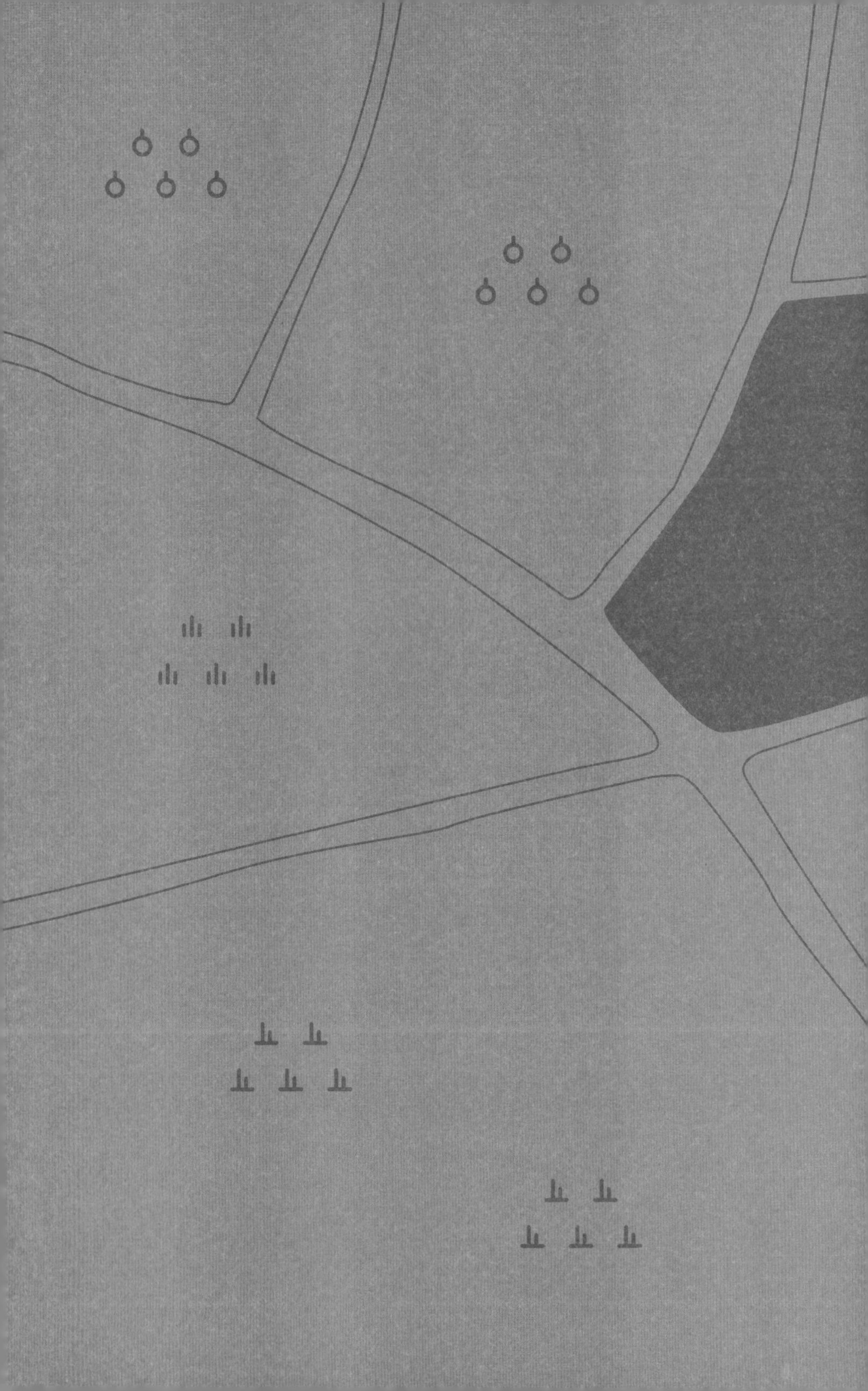

4부 농민의 힘은 어디에서 나오나

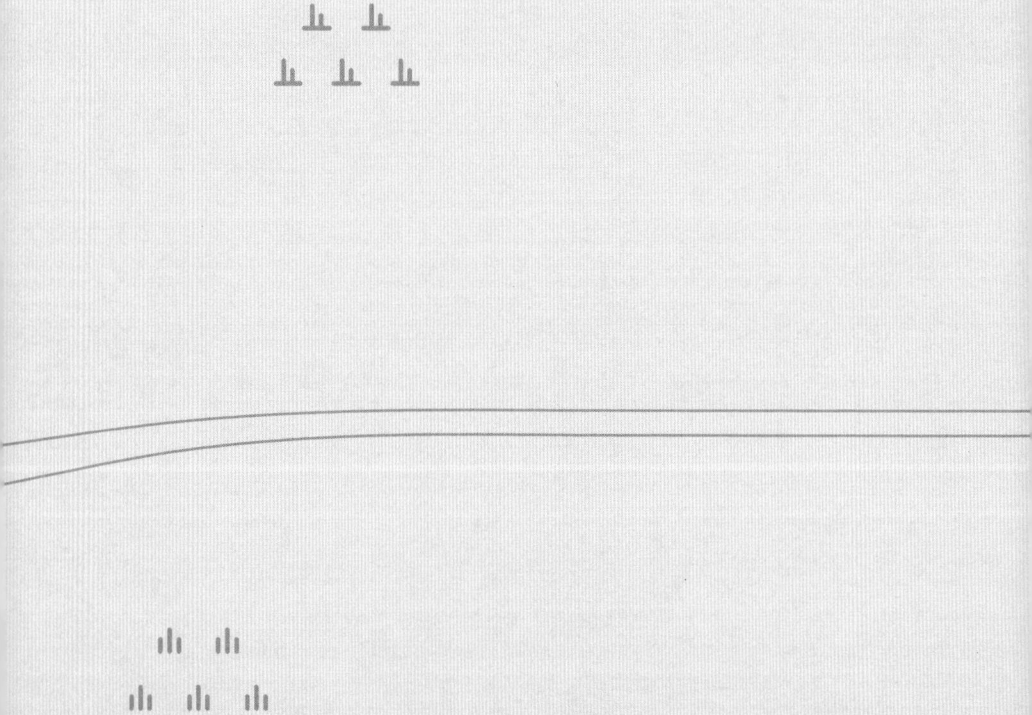

1장

경매제 말고, 농민에게도 가격결정권을 달라

농산물의 유통구조를 바꾸어야 한다. 아주 당연한 말이다. 그런데 안 되고 있다. 유통구조는 결국 농산물의 수급 조절과 가격 결정에서 누가 얼마만큼의 결정권을 가지냐가 핵심이다.

2021년 4월 청와대 국민청원에 이런 글이 올라왔다.

"2020년 9월 3일 가락시장 양배추 8kg 상품 가격은 7,020원, 다음날 1만6,251원으로 131% 급등. 다음날은 8,723원으로 46% 폭락. 전 날 가격정보를 보고 가락시장까지 양배추를 싣고 온 농민은 8,723원을 받아들이든지 이 가격을 수용할 수 없으면 하차했던 양배추를 다시 싣고 집으로 돌아가야 한다. 이 시기 양배추의 평균 소매가격은 1만5,597원이었다."

우리나라 농산물의 연간 거래규모는 24조원이 넘는다. 이 중 절반이 전국 33개 공영도매시장에서 82개 도매시장법인과 경매사를 통해 거래된다. 6,450명의 중도매인은 거래가 가능한 도매법인이 지정되어 있어서 산지출하자와 직접 접촉을 할 수 없다.

공영도매시장의 주된 거래방식은 '경매'다. 경매제는 농산물의 품질보다는 그날의 물량이 많고 적음에 따라 가격이 결정된다. 같은 농장에서 나온 사과가 오늘은 특상품이 되고 내일은 중품이 될 수 있다. 하루차이로 중품 판정을 받은 재수 없는 농민은 그 가격을 받아들이든지 도로 트럭에 싣고 집으로 돌아가야 한다.

말이 경매일뿐 중도매인들의 가격담합 시비도 끊이지 않는다. 경매방식은 가격정보가 실시간으로 공개된다는 장점이 있지만 가격 변동성이 크고 물류비용과 유통기간이 늘어난다는 취약점이 있다. 더구나 요즘은 대형할인점, 온라인마켓, 직거래 비중이 날로 커지고 있다.

농민·시장개설자 의견 묵살하는 농식품부

전체농산물의 19%가 가락도매시장에서 거래된다. 가락도매시장의 거래금액은 2018년 4조7,043억 원, 2019년 4조5,209억 원이다. 가락시장은 1985년 개설이래 36년 동안 6개 경매회사(시장도매법인)가 거래를 독점해 왔다. 2020년 가락시장 내 5개 민간도매시장법인의 위탁수수료(매출액)는 1,483억3,400만 원, 영업이익은 354억7,100만 원이다. 이들 5개 법인의 평균 영업익은 2020년 70억9,400만 원이다.

가락시장에는 대아청과 동화청과 한국청과 서울청과 중앙청과 등 민간회사에 농협가락공판장을 합쳐 6개의 도매시장법인이 있다. 서울청과는 고려제강이 100% 지분을 갖고 있다. 중앙청과는 아모레퍼시픽 서경배 회장의 형인 서영배 회장과 태평양개발이 각각 60%, 40% 지분을 갖고 있다. 서영배 회장이 부동산개발업체인 태평양개발의 지분 100%를 갖고 있으므로 중앙청과는 서영배 개인회사다. 동양청과는 원양업을 하는 신라교역, 한국청과는 사모펀드인 더코리아홀딩스, 대아청과는 호반건설이 소유주다. 모두 농업과는 전혀 관계없는 회사들이다.

2013년 가락시장 개설자인 서울특별시는 시장도매인제를 도입해서 농민과 도매인이 직접 거래하는 방식을 도입하려고 했다. 하지만 농식품부가 터무니없는 조건을 내걸었다. 대금정산조직 설립, 시장도매인제 도입과 관련한 연구용역 실시, 출하자와 유통인의 합의 등 세 가지였다. 서울특별시는 두 가지 조건은 충족했지만 세 번째 조건은 이룰 수 없었다. 낙찰가의 4%를 경매수수료로 꼬박꼬박 징수하는 경매회사가 기득권을 포기하는 합의서를 쓸 이유가 없다.

참다못한 전국양파생산자협회가 2020년 12월 감사원에 '농식품부가 경쟁 제한적 시장제도를 유지하고 시장개설자의 자치권을 침해하고 있다'며 공익감사를 청구했다. 감사원은 2021년 5월 31일 농식품부에 감사에 착수한다고 통보했다. 감사원은 농식품부가 가락시장 내 6개 경매회사를 '노골적으로 편들기 한다'는 양파생산자협회의 주장에 주목하고 있다.

서울 강서시장에 답이 있다

도매시장법인의 독과점구조를 깨고 시장도매인 제도를 도입하는 게 왜 이렇게 어려울까? 2000년 '농수산물 유통 및 가격안정에 관한 법률'이 개정되어 시장도매인제도 도입은 언제 어디서나 가능하다. 시장도매인은 농산물을 직접 사고팔고 중개도 할 수 있어서 유통단계를 한 단계 줄일 수 있다. 당시 농안법을 개정하며 이해관계자들 사이에 2001년부터 지방도매시장에 도입하고, 2005년부터는 중앙도매시장에도 도입하자는 논의가 있었다. 그러나 도매시장법인들의 반발이 심해서 2004년 개장한 서울강서도매시장에 경매제와 시장도매인제도를 병행 시행하기로 타협을 했다. 강서시장의 2019년 총거래액은 1조767억 원인데 60개 시장도매인을 통한 거래량과 금액이 경매를 통한 거래금액 보다 더 많다.

다시 2021년 4월 청와대 국민청원 내용으로 돌아가자.

이 청원은 '공영 시장도매인 제도'를 두자고 주장한다. 농민에게 가격결정권을 주자, 가락시장에서 유일한 가격결정제도는 경매제인데 농민과 소비자 모두 손해를 본다, 오직 도매시장법인만 이익을 본다, 농업과 무관한 기업들이 운영을 하고 있다는 것이 청원인의 주장이다. 무엇보다 경매제는 가격변동성이 크다. 경매사들의 주관적 판단이나 농간이 개입할 가능성이 크다. 청원인의 주장은 모두 맞다.

청원인의 주장은 실제 데이터로도 타당성이 입증된다. 서울시농수산식품공사가 2020년 100톤 이상 초과 출하자와 1톤 미만 출하자의 경매낙찰가격을 비교하니 차이가 크게 났다. 감 1kg의 경우 100톤 이상 출하자는 2,822원인데 1톤 미만 출하자는 73%인 2,065원이었다. 양파 배추 당근 수박 사과 복숭아

참외 배 감자 애호박 청양고추도 모두 70% 이하로 낙찰됐다. 경매제도가 소농에게 절대적으로 불리하다는 것이 입증됐다.

그런데도 시대착오적으로 경매제를 강화하려는 움직임이 있다. 농안법에는 거래량이 적은 일부 품목에 대해 경매를 거치지 않아도 되는 예외를 인정하고 있다. 예외품목은 도매상이 농어민에게서 직접 구입할 수 있다. 하지만 예외품목으로 거래되는 고구마 양상추 브로컬리의 거래량이 늘어나자 이를 경매제 안으로 편입하려는 시도가 있다. 예외품목이 경매로 들어가면 당장 경매수수료 4%만큼 가격인상 요인이 발생한다.

다양한 거래제도 도입하면 농민·소비자 이익

농식품부의 반대를 무릅쓰고 산지와 소비지의 자치단체 사이에 별도의 개혁 움직임이 있었다. 2020년 10월 서울특별시와 전라남도가 체결한 양해각서에 따르면 이런 제도 변화가 가능하다.

- 지방자치단체와 생산자단체가 공동출자해서 시장도매인법인을 만들고, 기본운용비를 제외한 수익금을 전액 적립해서 농산물 가격이 일정수준 하락할 경우 생산자에게 보전해 준다.
- 중도매인을 거치지 않아서 거래시간이 단축된다.

- 농민과 사전계약재배 및 출하약정을 해서 출하량을 조절, 가격안정에 도움이 된다.

서울특별시와 전라남도는 가락시장 현대화사업이 2023년 완공되면 공영시장도매인 전용공간을 만들기로 했다. 당시 김영록 전남지사(전 농식품부장관)는 산지유통센터APC같은 산지정책 만으로는 농산물 가격안정과 수급조정에 한계가 있다고 말했다.

서울특별시의회는 2021년 5월 4일 '서울특별시 농수산물도매시장조례 전부개정 조례안'을 의결했다. 하지만 농식품부는 69개 조항 중 31개 조항에 대해 불승인을 하며 재의, 재검토를 요구했다. 시장도매인제도가 농산물 가격안정에 도움이 된다는 근거가 부족하다는 이유를 들었다.

농안법 제37조의 취지를 보면 시장도매인의 영업제한은 도매시장 개설자의 권한이다. 그럼에도 불구하고 농식품부는 농안법 제37조 제1항의 단서조항과 시행규칙을 통해 도매시장 개설자의 권한을 통제하고 있다. 이 단서조항은 농산물 가격안정, 자유로운 시장질서, 산지와 소비지 지방자치단체간 활발한 협업 등을 저해하는 독소조항이다.

이런 상황에서 농협이 관리하는 온라인농산물거래소는 도매시장 경매제에 이미 균열을 내고 있다. 2020년 5월 양파, 8

월 마늘에 한해 시범사업을 시작했는데 2021년 6월말까지 두 품목 모두 누적 거래액이 300억 원을 넘었다. 생산자(지역농협)가 거래물량을 온라인거래소에 올리면 가장 높은 가격을 쓴 소매상(대형마트 온라인유통업체 프랜차이즈본사 등 참여)에 낙찰되는 방식이다. 낙찰이 되면 산지에서 배송을 시작한다. 이 같은 방식으로 하면 유통과정에서 도매시장법인과 중도매인 2단계가 줄어든다. 유통비용이 절감됨은 물론 미리 배송하지 않아도 되므로 생산자도 가격결정권을 가질 수 있다.

농산물거래에 경매제, 온라인경매제, 시장도매인제 등 다양한 거래 제도를 도입하면 소비자와 농민 모두에게 이익이다. 그런데도 농식품부는 경매제의 개혁을 완강히 거부하고 있다. 시장도매인제 도입을 줄곧 주장해온 서울대 김완배 농경제학부 명예교수는 도매시장법인과 결탁한 소수의 농민(일부 농민단체)과 농업관료들이 걸림돌이라고 주장한다. 전국 공영도매시장에서 청과부류를 취급하는 37개 도매시장법인을 회원으로 두고 있는 한국농수산물도매시장법인협회 상근부회장은 대대로 농식품부 국장급 퇴직관료의 차지다. 이러니 결탁이라는 의심을 자초한다.

생산자와 소비자가 유통방식을 바꿔보겠다는데 제3자인 농업관료들이 왜 가로막나?

가격결정권을 농민에게도 줘야 한다.

2장

품목별생산자조직에서 진정한 힘이 나온다

다음 내용은 필자가 2010년 귀농해서 만 9년 동안 직접 농사 가공 유통을 함께 하며, 협동조합, 영농조합, 품목별생산자조직 등에 참여한 경험을 바탕으로 썼다.

첫째, 농업의 정신은 공존과 조화

유기농과 관행농이라는 표현을 쓰지만 사실 선조들이 관행적으로 해 온 농법이 바로 유기농이다. 유기농법을 그저 화학농약이나 화학비료 안 쓰는 농법으로 보면 매우 제한적인 이

해다. 진인사대천명盡人事待天命을 따르는 것이 유기농법의 핵심이다. 유기농법은 흙을 살리는 일부터 시작한다. 화학농약과 비료로 인해 생명력을 잃은 흙에 다시 공존과 조화를 담아야 한다. 일반농법은 과수원에 제초제를 뿌려 풀을 다 죽여 버린다. 오로지 열매 하나를 얻기 위해 흙도 죽이고 풀도 죽이고 벌레도 죽인다. 심지어 땅의 주인도 병들게 한다. 그야말로 독선과 독점의 농법이다.

하지만 유기농법을 하는 과수원의 경우 초생재배를 한다. 비록 영양분을 나무와 풀이 나누어 먹더라도 다른 이익이 더 크기 때문에 초생재배를 한다. 벌레도 뜨거운 뙤약볕에 나무 위로 기어 올라가는 게 그다지 유쾌한 일은 아니다. 벌레에게 시원한 서식지를 제공해 주면 구태여 나무 위로 올라가서 열매에 흉터를 낼 이유가 없어진다.

그러나 어느 사회에나 튀는 놈들이 있다. 서식지를 이탈하는 놈들이 많이 생기면 유기농부는 살충제를 뿌리는 게 아니라 가능하면 기피제를 뿌려준다. 냄새가 강한 식물의 즙을 희석해서 뿌려주면 해충들이 도망가고 익충도 살릴 수 있다. 이렇게 유기농은 공존과 조화의 농법을 추구한다.

아쉽게도 2020년 기준 유기농과 무농약인증 농가는 5만 9,249농가(2019년 5만8,055농가), 재배면적 8만1,827ha(2019년 8만 1,717ha)로 답보상태다. 농가 수는 전체의 5.7%이고, 재배면적은 전체의 5.2%다.

GAP농산물우수관리로 친환경농업을 대체 가능하다고 생각하는 농업관료나 학자, 기자들이 훨씬 많은 것이 현실이다. GAP는 생산부터 유통까지 체계적으로 관리를 한다는 것 뿐이다. 단언컨대 친환경과는 개념자체가 다르다.

예전에는 친환경직불금의 개념이 친환경농법으로 인해 감소한 매출을 일정기간 동안 보전해 준다는 것이었다. 2020년 공익형직불제를 도입하면서 기본형직불제에 더해서 더 공익적인 기능을 수행하는데 따른 보상 개념의 친환경직불제(선택형직불제)로 성격 규정한 것은 그나마 다행이다.

한편 동물복지 인증은 가축이 5대자유를 보장 받는 가를 본다. '배고픔 불편함 질병 두려움 비정상적 행동으로부터의 자유'다. 정부는 2012년부터 동물복지 축산농장 인증 제도를 운영하고 있다. 2020년 12월 기준 전체 동물복지 축산농장은 297개로 해당 사육농가 대비 2%도 안 된다.

산란계 168곳, 육계 97곳, 돼지 19곳, 젖소 13곳이며 육우와 오리는 인증농장이 없다. 한우 1호 농장은 2021년 4월에 나왔다. 해남 만희농장은 2008년 한우 2마리로 시작해서 2017년 유기축산 인증, 2018년 해썹 인증을 받았으며, 동물복지 인증 당시 147마리를 사육하고 있다. 소 한 마리당 10평이 넘는 넓은 사육공간과 운동장을 갖추고 있다. 전량 서울 백화점에 납품하는데 일반한우나 유기농한우보다 높은 가격을 받는다.

둘째, 6차 산업은 선택이 아니라 필수

무슨 농사를 지어야 할까? 고참농민이나 신참농민이나 공통된 고민이다. 슈퍼푸드에서 애물덩어리로 전락한 아로니아는 한국 사람들이 먹은 적이 없는 농산물이다. 품목을 선택할 때 우선은 한국 사람이 오랫동안 먹었고, 품종이 다양하고, 가공방법이 많은 것이 생존에 유리하다. 이런 품목에 생산 가공 유통을 함께 하는 6차산업을 접목하면 된다. 6차는 1+2+3이다. 어느 것 하나 소홀히 해서는 안된다.

"농사짓기도 힘든데 언제 파는 것까지 신경을 쓰냐", "농민을 장사꾼 만든다"고 이야기하는 농민들이 있다. 대농의 경우는 좀 달라도 소농이나 중농들은 생산 가공 유통을 모두 해야 한다. 그래야 살 길이 열린다. 특히 후발농업인에게 6차산업은 선택이 아니라 필수다.

김제평야에서 논농사를 관행농법으로 할 경우 한 필지(1,200평)에서 30가마를 수확한다. 요즘 같이 쌀값이 괜찮으면 산지도매상에 모두 넘겨 600여만 원 매출이 나온다. (면적)직불금 82만 원을 더하고, 농약 등 영농비로 100만 원을 빼면 600

만 원 정도가 남는다. 하지만 콤바인, 경운기, 트랙터, 이앙기, 건조기, 지게차, 트럭과 같은 농기계를 구입하면 그 비용이 추가된다. 그러나 도시 소비자에게 직거래로 10kg 4만 원에 팔면 매출이 더 나온다. 겨울에 현미강정을 만들거나 봄철에 쑥인절미를 만들어 팔면 더 많은 수익을 낼 수 있다.

겨울에는 논에 보리를 심는다. 한 필지(1,200평) 기준으로 보자. 익은 겉보리 120만 원(40kg 50포대 × 2만4,000원) + 보조금 20만 원 - 종자, 비료, 콤바인 사용 50만 = 80~90만 원이 남는다. 하지만 3월에 10~15cm 자란 어린 순을 베어서 보리순 분말(슈퍼블랙푸드)을 만들면 200g 2,000봉지 이상 나온다. 일반분말 200g 1만 원이면 2,000만 원 매출이 가능하다. 보리순 베는 인건비 + 건조분쇄비 + 포장비를 빼고 만약 전량 직거래로 판다면 순이익은 70% 이상 나온다. 물론 어떤 유통방식을 택하느냐에 따라서 순이익이 결정된다. 이렇게 차이가 크니 6차산업이 필요하다.

사실 기업형으로 시설재배를 하려면 50세 이전에 해야 한다. 투자를 많이 해야 하고, 공부도 많이 해야 한다. 나이 들어서 시작하는 걸 권하지 않는다. 나이가 많은 사람은 가족형 6차산업을 잘하면 뼈 빠지게 일하지 않아도 괜찮은 소득을 올릴 수 있다.

전북 김제에 3,600평 유기농 벼농사를 짓는 60대 귀농인이 있다. 이 정도 경작규모면 쌀만 팔아서 먹고 살 수 없다. 하지만 쌀과 쌀 가공품(강정 떡 등)은 농산물직거래카페나 유튜브 광고를 통해서 직거래로 판다. 공익형기본직불금과 친환경직불금을 받는다. 이웃이 생산한 수십 가지 잡곡을 모아서 판다. 이렇게 해서 연 매출 1억5,000만 원 이상을 올린다. 순이익은 매출의 30% 정도로 보면 된다.

'정품은 소비자와 직거래를 통해 제값에 팔고, 비품은 가공을 해서 더 좋은 제품을 만들어야 한다.' 이게 6차산업의 원칙이다.

셋째, 유통방식을 달리해야 한다

농산물의 유통경로는 다양하다. 후발농업인의 경쟁력은 유통경로를 달리하는 데서 나온다.

2020년 온라인쇼핑 거래액 추정치(통계청 '2020년 12월 및 연간 온라인쇼핑 동향')를 보면 161조1,234억 원이다. 이 중 농축수산물은 전년도 3조5,342억 원에서 6조563억 원으로 급증했다. 특히 모바일 기반 거래가 71.4%를 차지했다.

– 산지중개상을 통한 판매(밭떼기 거래)

- 공영도매시장을 통한 경매제 참가
- 산지유통조직을 통한 거래
- 대형마트나 백화점에 납품
- 네이버샵, 쿠팡, 옥션 등 오픈마켓 또는 폐쇄몰에 입점
- 생협 등에 생산자회원으로 참여
- 품목별생산자조직을 통해 학교급식, 백화점 등 공동유통망 확보
- 생산자-소비자 직거래망 구축

이 중에 자기에게 맞는 방식을 선택해야 한다. 충남 부여에서 꽃을 재배하는 한 여성농민은 연 매출 6억 원을 올린다. 꽃도 팔고 꽃차 원료도 판다. 처음에는 남들처럼 공판장으로 꽃을 팔러갔다. 출하량은 적고 초면이니 좋은 가격이 나오지 않았다. 그래서 꽃을 택배로 팔아야겠다고 생각했다. 여기까지는 웬만한 사람이면 할 수 있다.

실업팀 역도선수 출신 30대 여성농민의 성공비결은 무엇보다도 소비자에게 진심을 전달하는 능력이다. 직거래를 하려면 농사짓는 모습 공개, 상품 홍보글, 포장 하나하나에 농민의 진심을 담아야 한다. 코로나19로 각종 행사가 사라져서 대부분 화훼농가가 어려워하지만 이 농가는 매출을 유지하고 있다. 소비자에게 진심을 전달하는 방법이 계속 진화하기 때문이다.

다음은 필자의 경험이다. 유기농배 농사지으면 병충해 피해

가 극심하다. 유기농에 허용된 약제라해도 무한정 뿌릴 수 없다. 그냥 새 한 입, 나 한 입, 벌레 한 입의 심정으로 농사를 지으면 마음이 편하다. 그 대신 흠집이 많은 과일은 도라지배청과 배즙을 만들면 수입이 괜찮다. 유기농도라지배청이 맘카페에서 입소문이 나며 꽤 유명한 친환경회사에서 연락이 왔다. 포장이나 제품설명을 자신들의 기준에 맞춰서 손을 보면 납품이 가능하다고 한다. 정작 중요한 가격 이야기가 없다.

"그런데 얼마에 납품을 하나요?"

"판매가격은 원하는 대로 붙이세요. 그리고 판매가격의 50%에 납품하면 됩니다."

남은 50% 갖고 원료, 가공비, 포장비, 부가세, 물류비, 영업이익이 나오나? 방법이 없는 게 아니었다. 포장과 성분을 달리해서 가격을 올리면 된다. 대기업이나 생협에 납품을 하려면 무조건 제 비용이 20%를 넘기면 안 된다. 그래야 세금을 내고 내 몫이 남는다. 그런데 필자의 제품은 소비자 가격에서 제 비용과 부가세가 차지하는 비중이 50%가 넘었다. 가족 인건비는 계산에 넣지도 않았다. 순간의 망설임도 없이 거절했다.

후발업자는 품질로 승부를 내야 하는데 이렇게 해서는 곤란하다. 무엇보다 20%로 만든 제품을 판다는 게 양심이 허용하지 않았다. 결국 답은 죽으나 사나 직거래의 확대다. 유통방식을 달리해서 가심비를 높이니 입소문마케팅이 저절로 됐다. 소비자가 이런 이용후기를 남기면 대성공이다. “내 돈 주고 샀는데 선물을 받은 것 같아요.”

발상을 조금만 바꾸어도 살 길이 열리는 경우가 있다. 어느 청년농부는 ‘강사를 위한 도라지배즙’을 만들어 대박을 쳤다. 배농사를 지으면 누구나 배즙을 만든다. 공급과잉이다. 이 청년농부는 네이밍을 잘해서 새로운 시장을 만들었다

넷째, 외면할 수 없는 후진적 농업행정

피할 수 없으면 즐기라는 말이 있다. 지방공무원과 상대를 하다 보면 가슴이 탁 막히는 순간이 있다. 몇 가지 예를 들어 보자.

<사례1>

면사무소에서 연락이 왔다.

“친환경농업용자재 구입비의 50%를 지원해 주는 사업이 있으니 신청하세요.”

신청서를 제출하고 며칠 후 시청 담당공무원에게서 전화가 왔다.

"이번 사업은 '병충해자재 지원 사업' 인데 선생님이 신청한 자재는 '충해자재'로 등록이 되어 있어 안 됩니다."
"아니 백말 엉덩이나 흰말 궁둥이나 그게 그거 아닙니까?"
무려 세 차례에 걸쳐 몇 시간을 입씨름을 하며 아까운 시간을 허비했다. 면사무소 공무원이 답답했는지 나보고 품목을 바꾸라고 한다. 나는 그 제품이 꼭 필요했다. 결국 시청 담당공무원이 어디론가 질의를 해서 그게 그거라는 답변을 들은 후에야 신청이 접수됐다. 자재를 구입한 후 세금계산서를 첨부해서 지원금을 신청했다. 시청 담당공무원이 또 전화를 했다.
"다른 농가는 부가세가 없는 계산서를 끊었는데 왜 부가세가 붙은 세금계산서를 받았습니까? 다시 받아서 제출하세요."
이쯤 되면 인내심에 한계가 있다.
"그 업무를 얼마나 봤습니까?"
"2년 동안 했는데요."
"공부좀 하세요. 조세특례법에 영세율이 적용되는 친환경 농업용 자재 조항이 있으니 그걸 찾아보세요."
'하찮은' 농부에게 법조항으로 면박을 당한 공무원, 전화를 딱 끊었다.

<사례2>

이웃에 사는 홍길동씨가 귀농인지원사업을 신청하려고 하는데 시청 공무원이 해당자가 아니라고 한다며 도움을 요청했다. 기술센터 공무원에게 전화를 했다.

"홍길동씨가 귀농인 자격이 없다는 근거가 있습니까?"

바로 이메일로 답이 왔다. 근거란 게 농림축산식품부장관의 '업무지침'이다. 다시 전화를 했다.

"장관의 업무지침은 그야말로 가이드라인이고, 그에 근거해서 시의회가 나중에 제정한 조례에 따르면 홍길동씨는 귀농인 자격이 있습니다."

"우리는 상급기관의 상위법을 따라야 합니다."

"지방자치가 시행된 지 몇 년인데 아직도 중앙부처가 상급기관입니까? 그리고 어떻게 장관지침이 시의회 조례보다 상위법입니까? 그러면 시의회에서 잘못된 조례를 만들었다는 건데 시의원에게 따져보겠습니다."

잠시 후 전화가 왔다.

"선생님 주장대로 홍길동씨를 귀농인으로 인정하겠습니다."

왜 입장이 바뀌었을까? 만약 내가 시의원에게 항의를 하면 담당 부서의 과장은 시의원에게 호출을 당해 호통을 들을 수 있다.

농촌에서 살다보면 이런 한심한 꼴을 수도 없이 본다. 이 정도면 그냥 즐기는 게 속 편하다. 귀농을 하면 생활비도 적게

들고, 세상 복잡한 일도 피할 수 있고, 배산임수 그림 같은 집을 짓고 살 수 있다고 생각하는 분이 있다면 꿈 깨어야 한다.

다섯째, 텃세? 이웃 농산물을 팔아주면 된다

농촌에서 토박이와 귀농인 사이에 갈등이 발생한다는 언론보도가 이어지자 정치인 출신 장관이 지시를 했다.

"갈등관리프로그램을 만들어라!"

이런 질문을 많이 받는다.

"시골에 가면 텃세가 심하다면서요?"

"동네사람들이 가장 어려워하는 게 농산물을 파는 겁니다. 그걸 도와주세요. 공짜로 팔아주는 게 아니라 10% 정도 수수료를 받으세요. 농민 입장에서야 내 농산물 잘 팔아주는 사람이 최고예요."

여섯째, 다품종 생산이 살 길

국내농산물 소비를 늘리려면 다품종을 재배해야 한다. 한 가지 품종에 집착을 하다 쇠락의 길을 걷고 있는 대표적 과일이 배다. 시원 달콤하지만 비싸서 못 먹던 배는 이제 제수용이나 명절선물용으로 명맥을 유지하고 있다. 배는 2008년 국민 1인당 연간 9.2kg으로 정점을 찍은 후 2020년 재배면적과 수확량이 절반으로 줄었다. 국민 1인당 연간 소비량은 2.1kg으로 떨어졌다.

우리에게 가장 익숙한 배, 신고는 전체 배 생산량의 87%를 차지한다. 일본에서 육성한 품종인데 재배가 쉽고 크고 많이 달린다. 문제는 꽃가루가 없어서 다른 꽃가루를 발라주는 인공수정을 해야 한다. 병충해에도 약하다. 우리나라에는 꽃가루를 채취할 인력이 없다. 일찍이 중국은 한국수출을 목적으로 꽃가루가 많은 품종을 재배했다. 이 꽃가루를 사라고 지자체가 배농가에 보조금을 준다. 배꽃이 만개했을 때 짧은 시간에 수정을 마쳐야 하니 군인 공무원까지 동원해서 일손을 보태줬다. 붓으로 찍어 바르면 일손이 많이 가니까 요즘은 도구를 이용해서 뿌린다, 더 많은 꽃가루가 필요하고 더 많은 보조금이 투입된다.

심지어 신고는 성장호르몬제인 지베렐린을 발라서 덩치를 키웠다. 신고의 대안이 없는 게 아니다. 한국에서 육종한 원황 추황 감천 황금 등 맛있고, 작고, 음식쓰레기가 적게 나오는 품종이 있다. 배농가나 유통업자들은 이걸 잡배라고 부르며 헐값에 거래했다. 추석 전에 수확이 가능한 조생종인 원황은 신고의 꽃가루받이용으로 쓰고나면 열매를 장대로 쳐서 떨어뜨려버리기도 한다. 봉지를 싸고 관리를 해서 수확을 해보았자 팔 데가 없기 때문이다.

대부분 배농가들은 여전히 신고에 매달리고 있다. 인공수정을 하고, 지베렐린을 바르고, 두꺼운 착색 이중 봉지를 씌운 배는 추석 전에 겉보기 좋은 상품이 된다. 하지만 소비자들은 제대로 익지 않은 과일이라는 것을 잘 안다. 단지 제수용으로 쓸뿐이다. 그 결과 과거 1, 2위를 다투던 배는 과일 중 소비순위 15위로 전락했다.

배소비가 날로 줄어들자 2019년 농식품부가 대책을 마련하겠다고 나섰다. 배가 안 팔리는 건 포장단위가 크기 때문이니 도매시장 출하를 할 때 기존 7.5킬로 15킬로 상자를 5, 10킬로로 줄이라고 했다. 사실 유기농을 하거나, 직거래중심으로 판매하는 농가는 이미 3, 5킬로 소포장으로 바꾸었다. 7.5킬로를 5킬로로 바꾸면 12개 들어가던 게 8개로 줄어든다. 그런다고 근본적인 문제가 해결될까? 포장단위가 줄면 들어가는 과일의 크기나 품종이 바뀌어야 하는데 개수만 줄어들면 뭐하나?

배농가들은 박스 재고를 정부가 구입해서 폐기해 달라고 했다. 새로운 규격의 박스 제작비를 지원해 달라고 했다. 복숭아 포장규격 변경에 전례가 있다고 주장을 했다. 알맹이는 변한 게 없는데 포장을 바꾼다고 배소비가 늘어날까? 이렇게 농업예산을 쓰면 국민이 동의하겠나?

배는 묘목을 심어서 3~4년 후부터 수확을 하고 8~9년은 되어야 본격적으로 수확을 하기 때문에 신품종 보급에 시간이 걸린다. 하지만 신고배 나무에 원황, 추황, 만풍, 감천 등 다른 품종을 고접 하면 수확시기를 달리 할 수 있다. 세종시 연서면에서 배농사를 짓는 한 농민은 품종 다양화로 활로를 찾았다. 신고배 1,000평은 추석이나 수출용으로 키워서 한꺼번에 출하한다. 2,000평에는 원황, 화산, 신화, 만풍 등 조생종부터 만생종은 물론 서양 배까지 여덟 가지를 심는다. 원래는 신고였으나 고접을 해서 품종을 바꾸었다. 이렇게 여러 품종이 섞여서 서로 꽃가루를 주고받으니 비싼 중국산 꽃가루를 사서 사람이 달라붙어 인공수분을 안 해줘도 된다. 출하시기가 다르니 일손과 판로문제가 해결된다.

배와 극명하게 대비되는 품목이 딸기다. 딸기는 품종의 국산화, 다양화로 시장이 계속 커지고 있다. 딸기 연간 생산액은 2019년 기준 1조5,093억 원이다. 2010년 1조503억 원에 비해 44%나 성장했다. 딸기시장의 성장에는 새로운 국산품종의 개발이 기여한 바가 크다. 2005년 당시 국내재배 품종의 92%가 일본품종인 육보레드펄와 장희아키히메다. 연간 30억 원 안팎을 품종사용료로 지불했다. 딸기는 품종복제가 쉬워서 민간 육종회사 입장에서는 신품종을 개발할 동기가 없다.

농진청이 2006년 딸기연구사업단을 발족해서 국내육성 품종개발과 보급체계 구축에 나선 후 다양한 신품종 딸기가 나왔다. 등록된 국산딸기 품종은 설향, 비타베리, 싼타, 킹스베리, 죽향, 금실, 알타킹 등 62개나 된다. 국산품종 보급률이 96%라지만 설향이 80% 이상을 차지하는 취약점이 있다.

2005년 충남농업기술원 논산딸기시험장에서 육보와 장희를 교배해서 만든 설향은 조기수확이 가능하고 흰가루병에 강하며 재배가 쉽고 다수확이 가능해서 빠르게 보급됐다. 설향은 3월 중순이면 당도와 경도가 떨어진다. 이때쯤이면 생과로서 경쟁력이 부족하다. 수출용으로도 적합하지 않다. 수출용 딸기는 1997년 논산딸기시험장에서 육성한 매향이 주종을 이뤘다.

충남도농업기술원이 2019~2020년 겨울에 처음 보급한 비타베리는 단단하면서도 당도가 높아서 5월 말까지 생과 판매가 가능한 신품종이다. 시장에서 인기가 빠른 속도로 올라가고 있다. 도매시장에서도 설향보다 높은 가격에 거래된다. 다만 딸기재배 전문가들은 수확량이 설향보다 10~30% 정도 떨어지기 때문에 높은 가격과 생과판매 기간 연장으로 극복해야 한다고 말한다.

어느 유명 백화점은 2019년 겨울 설향, 죽향, 킹스베리, 금실, 토경재배 장희 등으로 딸기매대를 구성했다. 품종에 대한

설명문도 게시했다. 소비자의 선택권이 커지며 매출이 늘어난 것은 당연한 결과다. 현명한 소비자는 같은 품목이라도 용도와 계절에 따라 품종을 달리 선택한다. 소비자와 유통이 변하고 있으니 생산자도 이에 맞춰 변화 발전 해야 한다.

앞으로 걱정되는 품목이 사과다. 우리나라 사과재배는 부사가 67%를 차지한다. 저장성이 좋아 수확 후 다음해 여름까지 팔 수 있다. 홍로, 감홍, 아리수, 섬머킹 등이 있지만 부사를 넘어서지 못하고 있다. 요즘 새로 떠오르는 품종이 뉴질랜드산 엔비사과다. Envy 부러워하다, 질투하다 사과는 아삭한 식감에 신맛이 적고 향기가 있다. 당도는 19브릭스가 나온다. 요즘 젊은층 취향에 맞다. 아시아에서 유일하게 한국 예산 보은 등에서 계약재배를 하는데 해마다 면적이 늘어나고 있다. 한국농민은 농사를 짓고, 뉴질랜드 기업은 전량수매해서 판매를 한다. 재주는 한국농민이 부리고, 돈은 뉴질랜드기업이 버는 셈이다.

국산품종으로는 감홍이 엔비와 맛을 견줄 만 하다. 저장성은 더 좋다. 감홍이 나온 게 1992년인데 생산량이 워낙 적어서 우리 소비자들은 잘 모른다.

못 먹던 시절에는 단일품종으로 대량생산이 요구됐다. 배는 신고, 사과는 부사 식이다. 소비자들의 요구는 다양해지는데 농사와 유통구조는 변하지 않는다. 이러면 국산농산물 소비가 줄어든다.

쌀도 단일미로 가야한다. 소비자들이 좋아하는 임금님표 이천쌀은 사실 품종의 이름이 아니다. 각 도별로 대표 국산품종이 있다. 강원 오대, 경기 해들, 경북 일품, 전북 신동진, 충청 삼광, 경상 영호진미, 전남 새일미 등이다. 고시히까리와 추청아키바레은 일본품종이다.

강원의 '오대'는 쉽게 딱딱해지지 않아 도시락용으로 좋다. 충청의 '삼광'은 단백질 함량이 낮아 부드럽고 찰진 식감을 지닌 것이 특징이다. 전남의 '새일미'는 쌀알이 둥글며 아밀로스 함량이 낮아 밥을 지으면 윤기가 흐르고 부드러운 식감이 특징이다. 전북의 '신동진'은 전국에서 재배 면적이 가장 넓은 품종으로, 쌀알이 굵고 수분기가 낮아 볶음밥이나 김밥에 잘 어울린다. 이렇게 단일미 소포장으로 소비자 취향에 맞춰나가야 한다.

일본에서 육성한 샤인머스캣 재배면적이 날로 늘어나고 있다. 소비자들의 인기가 높다보니 비싼 가격만큼 품질관리가 안 된 상품이 나오기도 한다. 훌륭한 품종을 베어내고 몽땅 샤인머스캣으로 갈아타는 것이 능사는 아니다.

전북 완주군의 한 유기농 포도농가는 3,300평 연동비닐하우스에서 국내에서는 보기 어려운 34개종의 유럽종 포도를 재배한다. 노동력을 절감하는 '강포도 농법'을 스스로 개발해서 농장일의 대부분을 부부가 감당한다. 초생재배를 통해 토양에 유기물을 공급하고 그 외에는 어떠한 비료도 사용하지 않는다. 일반 캠벨포도가 kg당 5,000원, 유기농포도도 1만 원을 받기 힘든데 껍질째 먹는 유기농 강포도는 온라인판매로 4kg에 6만5,000원에서 10만5,000원을 받는다.

이렇게 다품종소량생산과 유통망의 차별화가 경쟁력을 보장해 준다.

일곱째, 농민의 힘은 품목별생산자조직에서 나온다

농민의 힘은 어디에서 나오나?

때로는 아스팔트 농사가 필요하다.

하지만 진정한 농민의 힘은 품목별생산자조직에서 나온다. 농민들은 품목별생산자조직을 통해 재배기술 공유, 수급조절, 가격협상력 확보, 가공품 개발, 새로운 판로개척을 해야 한다.

2019년 양파가 사상최대 수확량이 나왔다. 재배면적은 작년보다 줄었는데 날씨 덕으로 병충해 피해가 없었다. 50만 톤이나 과잉생산 됐다. 농민단체들은 정부에서 잉여물량을 시장격리(산지폐기)해 달라고 했다. 양파생산농민과 농민단체가 양파 한 트럭을 광화문 앞에 쏟아 부으면 정부는 일부 예산을 편성해서 시장격리를 한다. 그걸로 끝이다. 이런 일이 반복된다.

양파생산자조직이 이만큼은 우리가 가공해서 저장한 후 판매하겠다, 이만큼은 시장격리 시키겠다, 그러니 정부도 얼마를 책임져 달라, 이렇게 나와야 한다. 이런 일을 하는 게 자조금위원회다. 2000년 처음으로 생산자가 스스로 소비촉진과 판로확대, 수급조절을 통한 가격안정을 목표로 하는 농수산물 자조금 정책이 도입됐다. 정부는 파프리카와 참다래 2개 품목에 대해 처음으로 지원사업을 실시했다. 2013년 2월 23일 '농수산자조금의 조성 및 운용에 관한 법률'이 생겼다.

자조금정책이 도입된 지 20 여년이 지났는데도 원예 분야는 의무자조금과 임의자조금을 합쳐서 25개 자조금위원회가 만들어졌을 뿐이다. 의무자조금인 (사)한국마늘연합회가 2021~2022년 농경지 전자지도와 드론을 이용해서 처음으로 마늘재배면적 전수조사를 실시하는 것은 진일보 발전한 모습이다.

전국단위로 마늘, 양파, 배, 파프리카, 감귤 이런 식으로 자조금위원회를 만들면 조직대상이 너무 많아서 단기간에 성과를 내기 어렵다. 임의자조금으로 정부지원을 받다가 3년이 지나면 의무자조금으로 발전해야 하는데 상당수가 중도 탈락한다.

소규모의 품목별생산자조직은 구성원의 응집력이 높아 단기간에 성과를 내기에 유리하다. 대표적인 조직이 2014년 3월 결성한 한반도유기농배영농조합법인이다. 전국에서 유기농배

재배를 하는 농가라야 20여 명이다. 필자를 포함해서 이들 대부분이 법인 결성에 참여했다.

유기농 하는 농부들이 모이면 처음에는 기술이야기를 한다. 어떤 퇴비를 주었고, 어떤 병충해자재를 썼는지 이런 이야기만 한다. 어느 단계를 넘어서면 유통 이야기를 한다. 어떻게 해야 제값을 받고 팔 수 있는지 또는 비품을 가공해서 어떻게 팔아야 하는지 이야기한다.

품목별 조직을 만들기 전에는 개별농가들이 가공용 유기농 배를 kg당 1,200원에 생협에 팔았다. 지금은 영농조합이 녹용, 홍삼 같은 고부가가치 가공품을 만드는 업체에 판매를 한 후 영농조합법인 수수료를 공제하고 조합원에게 kg당 2,500원을 지급한다. 생배도 학교급식에 들어가며 생협에 납품하는 것보다 높은 가격을 받는다. 특히 한반도유기농배영농조합이 서울시와 서울시교육청에 끈질기게 요청을 해서 급식용으로 유기농 배를 우선 사용한 다음에 무농약배, 일반배를 사용한다.

품목별생산자조직은 유통단계의 축소, 유통마진의 축소를 위해 끊임없이 노력해야 한다. 서울시 친환경급식센터와 계약을 맺은 지역유통센터는 유기농배 재배농민들에게 kg당 평균 5,600원(2020년 기준)에 구입을 한다. 지역유통센터 수수료, 서울시 친환경급식센터 수수료, 학교까지 배달업체 수수료가 더해져서 학교에서 유기농배를 구입할 때는 kg당 9,000원이 넘는다. 이런 유통구조를 단순화해야 농민 수취가격이 오르고, 소비자 가격이 내려가서 소비가 늘어난다.

한국농업이 살 길은 품목별생산자조직의 활성화라고 흔히 이야기한다. 말로는 쉽다. 조직이 안정되기까지 수많은 난관을 극복해야 한다. 판매수량이나 출하순서를 놓고 회원 사이에 이해관계를 잘 조정해야 한다. 방해세력도 있다. 연간 매출 수천억 원을 올리는 어느 생협은 자율적인 생산자조직과 거래하는 것을 싫어한다. 한반도유기농배영농조합이 만들어지자 한 회원에게 당신 농산물을 전량 구입해 주겠다고 회유해서 영농조합을 탈퇴하게 한 사례도 있다.

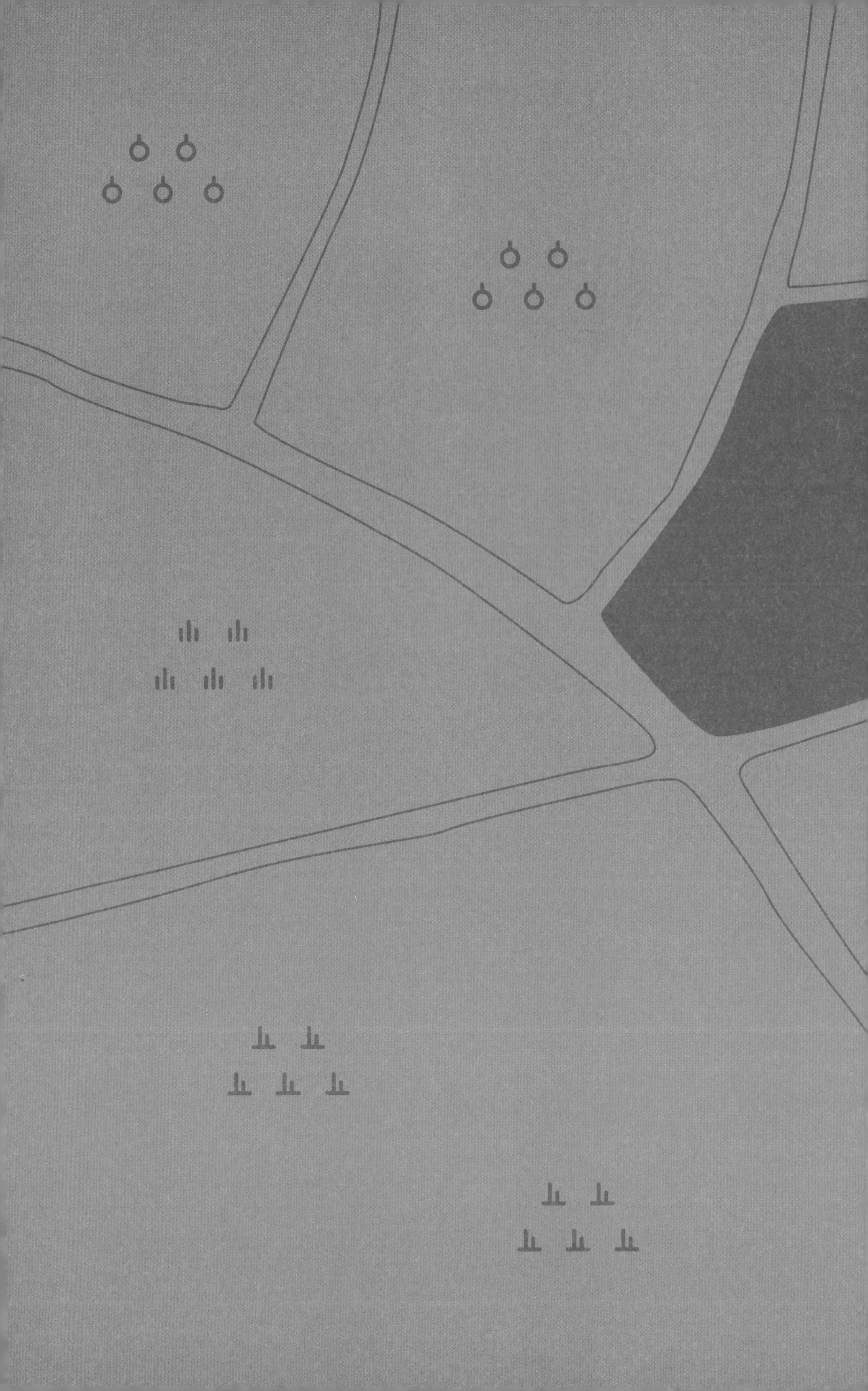

5부 장밋빛 환상, 스마트팜의 허실

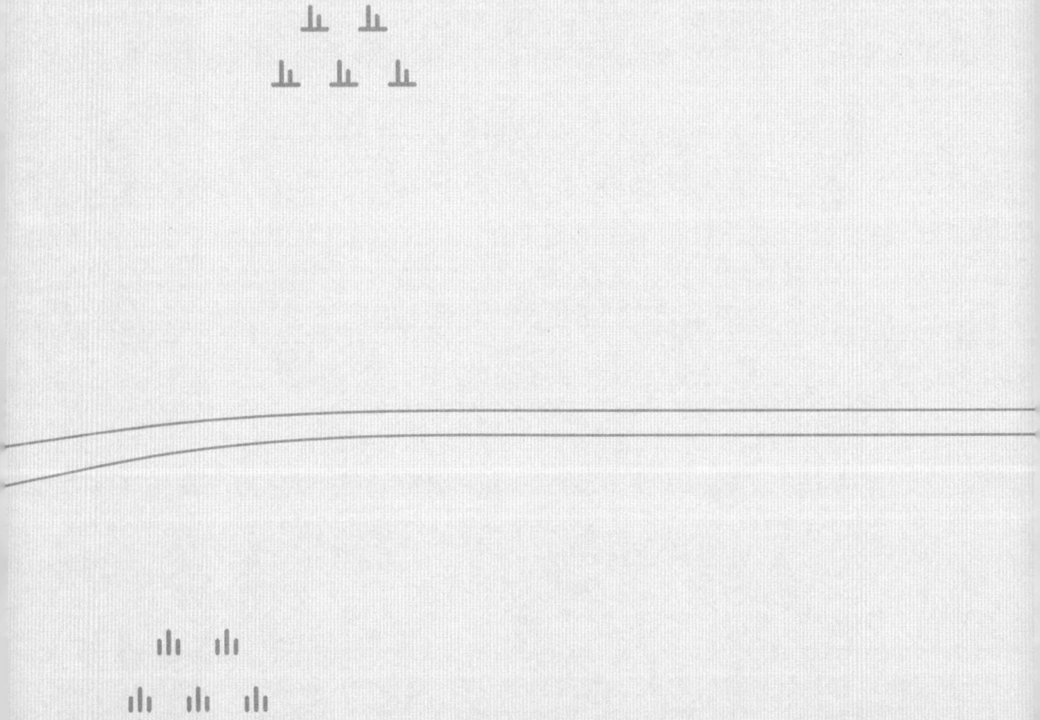

1장

첫 번째 모델: 관주도형

농업관료들은 규모화 시설화 집약화로 표현되는 생산주의 농정을 중요시 한다. 전북 김제, 경북 상주, 경남 밀양, 전남 고흥에 만들어진 스마트팜혁신밸리가 그 상징물이다. 스마트팜, 인공지능, 빅데이터가 붙은 정부 예산은 나날이 늘어난다. 농식품부 김현수 장관(재임 2019년 8월~)은 차관 시절(2017년 6월~2019년 5월)에 혁신밸리 사업계획 수립과 예산확보, 지역선정작업을 모두 밀어붙였다.

당시 준비과정에 참가한 학계 전문가들은 논의과정에서 한 곳 정도의 연구단지가 어느 순간 다수의 혁신밸리로 바뀌었다고 증언하고 있다. 산업계의 요구에 기재부가 호응을 해서 사업이 구상됐으며, 농식품부는 농업현장의 요구와 현실을 외면한 채 들러리를 섰다는 이야기도 나왔다.

5,000억 원을 투입한 돈 먹는 하마

스마트팜혁신밸리에 대해서는 장밋빛 환상이 넘쳐난다. 그렇다면 이미 공개된 자료를 중심으로 현재 실상을 살펴보자. 농식품부는 전북(김제) 경북(상주) 전남(고흥) 경남(밀양) 네 곳에 스마트팜혁신밸리를 만들고 있다. 2018년 8월 1차로 선정된 상주는 지역주민들과 갈등을 겪는 진통 끝에 2019년 11월말, 김제는 2020년 2월에야 착공을 했다. 2019년 3월 2차로 선정된 고흥과 밀양은 2020년 9~10월에 착공을 했다. 김제 상주는 2021년 하반기에 준공을 했고, 고흥 밀양은 2022년 상반기 운영을 목표로 하고 있다.

처음 계획은 한 곳에 20ha+의 부지를 조성하여 임대형스마트팜 6ha, 창업보육센터와 실습농장 4.5ha, 관련 기업이나 연구소가 입주하는 실증단지 4ha 등을 설치하려고 했다. 한 곳당 예산은 638억 원(국비 70%)으로 잡았다. 하지만 진행과정에서 규모와 공사비가 대폭 늘어나고 있다. 한 곳당 공사비는 1,000억 원 이상이 들어갔다. 네 곳 다 합치면 5,000억 원이 넘는다. 공사비가 더 들어간 것은 김제(21.3ha)와 밀양(22.1ha)은 처음 계획대로 진행했지만 상주(42.7ha)와 고흥(33.3ha)이 규모를 키웠기 때문이다.

네 곳을 다 합쳐보아야 청년농들에게 3년간 빌려주는 임대농장은 상주(5.7ha), 김제(4.57ha), 밀양(6.4ha), 고흥(5.8ha)을 합쳐서 22.47ha(약 6만8,000평) 뿐이다. 청년농 1명에게 500평씩 임대한다면 144명이 들어갈 수 있다.

시설만 짓는다고 되는 것이 아니다. 네 곳에는 각각 데이터센터가 있다. 혁신밸리에서 나오는 각종 데이터를 수집하는데 모두 200억 원(공사비에 포함) 예산이 투입된다. 앞으로 이 데이터를 분석하고 실용화할 수 있는 인력과 시설이 추가로 필요하다.

네 곳에 청년창업 보육센터가 있다. 매년 40세 미만 청년 208명을 선발해서 20개월 동안 스마트팜 인력을 육성하는데 교육비 예산이 연간 70억 원이다. 교육비는 앞으로 계속 들어가야 한다. 2018년에 선발한 1기(전북 전남 경남 3곳 선발) 60명 중 15명이 중도포기하고 45명이 20개월의 교육을 마쳤다. 2019년에 선발한 2기(전북 김제, 경북 상주 2곳 선발)는 104명 중 23명이 포기하고 81명이 2021년 7월에 수료를 했다. 2021년 7월 3기 교육생을 보육센터별로 52명씩 208명을 선발했다. 최종합격자 중 남성은 162명(78%)이고 평균연령은 31세다. 여성은 46명(22%)이고 평균연령은 29세다. 이들은 20개월간 입문과정(2개월), 교육형실습(6개월), 경영형실습(12개월)을 받는다. 이들의 희망품목을 조사해 보니 딸기 47.1%, 토마토 23.1%, 멜론 8.2%이다.

스마트팜혁신밸리의 핵심은 실증단지다. 상주는 농업용 로봇(그외 병해충관리), 김제는 ICT 기자재(그외 신품종 기능성물질 약용작물), 밀양은 스마트팜 구조자재(그외 소프트웨어 에너지절감 품목다변화), 고흥은 기후변화 대응(그외 반밀폐형온실 드론 아열대작물 친환경농자재)으로 특화하겠다고 한다.

겨우 144명만이 3년간 임대농장 얻을 수 있어

2021년 11월 29일 준공식을 가진 김제의 경우 조성예산은 준공식에서 김제시가 밝힌 내역에 따르면 모두 1,044억 원이다. 국비 549억 원, 도비 174억 원, 시비 106억 원, 이와 별도로 지방비에서 부지매입 71억 원, 지반개량 74억 원, 지열설비 70억 원이 들어갔다고 한다. 좀 더 들여다보자. 청년보육실습농장 2.3ha, 임대형스마트팜 4.5ha, 실증온실 1.6ha를 합치면 8.4ha인데 이를 평으로 환산하면 약 2만5,452평이다. 여기에 사무실과 빅데이터센터가 입주하는 지원센터 건물이 있다. 농업기술실용화재단과 기업이 입주하는 실증온실에는 각종 실증장비가 들어갔다.

사실 지열설비는 과장된 표현이다. 이름만 들으면 지하열을 끌어올려 발전을 하는 네바다사막의 지열발전소를 연상할 수 있다. 그게 아니다. 지표수를 지하에 보낸 다음 15~17℃ 물을 전기열로 데우는 방식이다. 시공비가 비싸서 정부보조사업이 아니라면 민간에서 도입하기 어렵다. 김제혁신밸리는 지열설비에 70억 원을 썼다. 이러니 스마트팜혁신밸리가 농업현장의 요구가 아니라 관련 산업계의 필요에 의해 시작됐다는 뒷말이 나온다.

여기저기 뜯어보면 스마트팜혁신밸리는 조성비가 터무니없이 높다. 철골조유리온실이 대부분이고 연동비닐하우스와 단동비닐하우스가 약간 섞여 있다. 시공비가 민간이 직접 시공하는 것보다 두 배는 들어갔을 것이라는 이야기가 나온다. 뒷장에서 자세히 설명할텐데 상주 우공의 딸기 농장은 땅값 별도 콘크리트조 폴리카보네이트 온실 6,000평을 평당 73만 원에 시공했다.

누구를 탓할 것도 없다. 관급공사가 대개 이렇게 진행된다. 정부보조금이 들어가는 사업은 공사비에 거품이 많이 낀다. 농업인만이 아니라 사업자들도 나눠먹는 보조금이라는 잘못된 생각이 만연해 있다.

이 대목에서 반발하는 공사 관계자가 있을 테니 참고 자료

하나를 더 보자. 농촌진흥청이 산정한 고정식 온실이나 내재형 비닐하우스의 시공비 기준단가를 보자. 유리온실(벤로형이나 와이드스판형) 평당 99만 원, 경질판온실(폴리카보네이트) 평당 99만 원, 철골비닐온실 평당 49만5,000원, 연동형비닐온실 평당 24만7,500원, 단동형비닐온실 평당 11만8,800원이다. 최근 원자재 값이 급등했다고 치자. 여기에 지원센터, 재배시설, 난방시스템, 실험장비 등을 추가해도 선뜻 의문을 지우기 어렵다.

몇 천 평 규모의 철골조 유리온실은 민간에도 많다. 민간과 비교할 수 있게 혁신밸리 안에 철골조 유리온실(땅값과 지열설비 제외)의 시공비가 얼마인지 밝히면 좋겠다. 스마트팜에 최적화된 시설을 갖추려면 얼마나 필요한지 누구나 알아야 하지 않겠나? 아니면 최적의 시설을 갖추기 위해 기존 시설과 무엇을 차별화 했는지 밝혀주면 좋겠다. 특히 스마트팜은 냉난방비 절감이 경쟁력의 핵심이다. 앞으로 관련 자료를 투명하게 공개하면 좋겠다.

혁신밸리 안에는 창업보육센터가 있다. 교육생 모집공고에는 성적우수자 임대농장 우선입주, 청년농 스마트팜종합자금 신청 자격 부여, 농신보 우대지원이 들어있다. 하지만 1기 수료생 45명 중 전북 김제보육센터 두 명만이 스마트팜종합자금 대출을 받았다. 이들은 부모의 담보능력이 튼튼한 것으로 알려졌다. 30억 원까지 정책자금을 융자해 준다고 하지만 그건 신청자격을 준다는 것이고 결국은 담보능력과 신용등급이 높아야 가능한 이야기다. 농신보 90% 보증이니 이런 건 대출창구에서 전혀 쓸모가 없다. 이런 실정이다 보니 대부분 창업보육센터 수료생들은 각자도생 방식으로 귀농자금, 청년후계농자금, 일반대출 등을 통해 평균 1억5,000만 원 정도의 대출을 얻은 것으로 알려졌다.

교육을 마치면 한 지역에서 성적우수자 12명이 스마트팜 혁신밸리에 있는 400~500평 임대농장에 입주할 수 있다. 4개 혁신밸리를 합쳐서 매년 단 48명만이 임대농장을 얻는다. 하지만 3년 후에는 후배에게 자리를 비워주어야 한다.

혁신밸리에 들어갈 수 없는 교육수료생들은 막막하다. 그나마 1기 수료생 45명 중 19명이 농지은행을 통해 최장 20년 임대농지를 지원 받았다고 한다.(2021년 12월 기준) 농지은행은 임대농지에 파이프조 연동형비닐온실까지만 허용한다. 철거가 쉬운 가설물만 허용한다는 뜻이다. 하지만 담보설정을 위해 지상권 설정을 하려면 최소한 철골조 콘크리트 기초에 내구성 있는 비닐을 사용해야 한다. 국유농지를 임대관리 하는 자산관리공사나 비축농지를 관리하는 농어촌공사 농지은행 모두 임차자에게 지상권을 허용하지 않는다. 이후 법적분쟁이 일어날 수 있어서 누구에게나 예외가 없다고 주장하고 있다. 이러니 농지은행 임대농지에 시설을 지으려면 전액 자부담 외에는 방법이 없다. 임대농지에 파이프조 연동비닐온실로 딸기재배사 600평을 지으려면 골조와 재배시설 포함해서 2억1,000만원이 든다. (2021년 여름 기준)

스마트팜혁신밸리가 완성되면 해당지역에서 민관합동으로 관리조직을 만들기로 했었다. 준공 초기에는 해당지역 농업기술센터 직원들이 파견근무를 하고 있다. 하지만 벌써부터 사람이 없다, 관리비가 없다, 처음부터 중앙정부가 시키는 대로 했으니 관리도 중앙정부에서 맡아달라는 이야기가 나온다. 한 지역에서 임대농장에 들어가는 인원이 36명밖에 안되다 보니 혁신밸리 주변에 별도의 임대농장을 짓겠다는 이야기가 나온다. 여기에도 중앙정부에 손을 내민다.

이미 수천억 원을 투입한 농식품부 입장에서 이런 상황이 난감하다. 지자체에 모두 맡겼다가는 앞날이 불투명하다. 그럴 바에야 혁신밸리 관리를 전담할 조직 하나 만드는 것도 나쁘지 않다고 생각할 수 있다. 이렇게 혁신밸리는 돈 먹는 하마가 됐다. 그나마 보육센터와 실증센터가 제 역할을 해준다면 천만다행이다.

2장

두 번째 모델: 민관협력형

한국농업에서 꼭 필요한 것 중 하나가 데이터에 기반을 둔 정밀농업이다. 농민 개개인이 이런 일을 하기 쉽지 않다. 그러다보니 농업에 대기업의 진출을 허용해야 한다, 경자유전 원칙을 폐기해야 한다, 이런 주장을 하는 사람들이 있다. 하지만 대기업의 농업생산분야 진출은 사회갈등을 유발한다. 팜한농은 엘지가 인수한 후 회사정관에 직접 재배를 하지 않는 것으로 못 박았다. 사실 팜한농은 소농 중농과 경쟁하는 직접 재배보다는 데이터컨설팅, ICT장비 판매, 인터넷망 판매, 비료와 자재 판매로 가는 게 더 이득이다.

스마트팜의 두 번째 모델은 아래로부터의 요구에 따른 민관협력형이다. 농가와 기업의 필요를 바탕으로 공공의 지원이 이루어지는 형태다. 우리나라 대부분의 딸기재배시설은 소규모 단동하우스다. 이런 곳에 자력으로 스마트팜 시설을 도입할 수 있는 농민은 많지 않다. 설사 많은 투자를 해도 쌓이는 데이터를 읽을 수 없고 생산성을 올린다는 보장도 없다.

농식품부 농정원과 팜한농·지농컨소시엄은 2019년부터 스마트팜 빅데이터 단기 활용 서비스 개발 시범사업을 실시했다. 이 사업의 2019년 정부예산은 6억6,200만 원, 2020년 예산은 7억200만 원이다. 2021년 예산은 8억6,200만 원인데 딸기농가 200호, 포도농가 80호가 참가했다. 대부분이 소농이다.

민간기업은 보급형 장비를 활용해서 참여 농가의 주요 환경정보(온습도 일사량 CO2농도 등 5종)와 기초적인 생육정보를 수집한다. 여기에서 나온 데이터를 바탕으로 팜한농 소속 코디네이터들이 개별농가를 대상으로 온·습도 등 환경 관리, 잿빛곰팡이 등 병해 진단과 방제약제 추천 같은 서비스를 제공한다. 딸기농가는 스마트폰을 활용해서 농장 환경 모니터링과 원격제어를 하며, CCTV를 통해 관찰도 할 수 있다. 당사자들이 동의하면 이웃농장의 데이터도 공유할 수 있다. 공동학습조직도 운영한다. 포도농가의 경우는 민간기업으로부터 포도노균병 예측, 이미지에 기반을 둔 생육단계 감지, 자동관수 서비스를 받을 수 있다. 이러니 참여농가의 만족도가 높게 나온다.

팜한농은 시범사업이 끝나면 딸기와 포도농가에 보급형과 고급형으로 나뉜 모듈확장형 스마트팜장비 판매, 데이터 컨설팅, 병해 예찰, 약제 판매, 무선인터넷 보급 등 다양한 유료서비스를 펼칠 수 있다.

농가와 기업의 필요를 바탕으로 공공의 예산지원이 이루어질 경우 단기간에 성과를 낼 수 있다. 한때는 이 사업이 중단될 위기가 있었다. 허름한 단동온실에서 데이터농업을 한다고 하니 원격으로 자동개폐와 환경제어를 하는 스마트팜 보급실적에 매달리던 공무원 눈에는 영 시원찮았던 모양이다.

다행히 이 사업은 2022년부터 데이터기반 스마트농업확산지원사업(예산 62억3,500만 원)으로 확대된다. 데이터기반 스마트농업 서비스나 솔루션을 보유한 스마트팜 기업 23개를 선정해서 희망농가(1,150개 예상)에 적용하는 사업이다.

이런 사업도 포함하면 좋겠다. 시설 재배를 할 때 천적방제를 한다. 수요는 날로 증가하는데 거의 수입산이라서 농가 부담도 크다. 2010년 당시 '세실'은 세계 3대 친환경방제업체라는 말을 들었지만 정부보조금 92억 원을 편취한 혐의로 회장이 실형을 받았다. 이 사건으로 국내 천적 방제사업이 침체됐다. 수요가 증가하는 만큼 정부의 지원과 관심이 높아져야할 분야다.

세 번째 모델: 네트워크형

세 번째 모델은 네트워크형이다. 물론 여기에도 정부의 지원이 들어간다. 우공의 딸기를 경영하는 박홍희 곽연미 부부는 2013년 경북 상주시로 귀농을 했다. 2020년까지는 청리농장에서 실재배면적 1,600평의 스마트팜(비닐하우스형)과 1,000평의 부대시설을 운영해서 연간 딸기 30톤을 생산했다. 10a(약 300평)에서 연 5,590kg을 생산해서 생과 1kg당 평균 1만773원에 판매했다. 이렇게 해서 시장평균보다 278% 높은 매출이 나왔다. 평당 18만7,500원 매출이면 국내 최고수준이다. 대개는 7만 원 수준이고, 간혹 마이스터급들이 15만 원을 올리기도 한다.

7년의 실전경험을 거친 후 우공의 딸기는 2021년 대대적인 사업 확장에 나섰다. 정부의 스마트팜 종합자금 융자를 얻어 땅값을 제외한 스마트팜 시공비만 44억 원을 투입했다. 온실 옆에 2,400평 규모 육묘장(농식품부 종자산업기반구축사업자 지원과 자부담)을 따로 마련했다.

딸기로는 국내 최대 규모의 스마트팜인 우공의 딸기 농장은 6,000평(행잉베드 방식 5,000평과 부대시설 1,000평)이다. 시공비가 평당 73만여 원이다. 철골조, 폴리카보네이트, 행잉베드, 복합제어기, 양액공급시설, 화석연료 난방, 별도의 사무공간, 이 정도면 과잉투자를 하지 않은 최적의 한국형스마트팜이다. 외서농장은 온실 5,000평이지만 8,000평 이상의 효과를 낼 수 있다. 베드를 온실 천장에 매다는 행잉 베드hanging bed방식을 도입해서 고설재배 방식보다 1.6~1.7배 많은 1만9,000미터의 베드에 19만주를 정식할 수 있다.

2021~2022년 우공의 딸기가 청리·외서농장에 설향 알타킹 금실 산타 품종 23만주를 정식하면 연간 200톤을 생산한다. 그래보아야 전체 딸기시장 20만 톤의 0.1%를 점유한다. 생산자가 가격협상력을 가지려면 개인별규모화든 품목별생산자조직이든 안정적인 생산량을 확보해야 한다. 그래서 우공의 딸기 정원은 청년농부를 선발해서 3~6개월의 인턴농부, 2년의 레지던트농부로 고용하고 있다. 두 작기를 경험하며 딸기재배기

술은 물론 경영마인드를 익혀서 직영농장을 맡거나 네트워크형 농장으로 독립하게 된다. 이곳에는 정직원 7명과 인턴 6명이 근무하고 있다. 전문 인력의 급여 일부는 정부에서, 인턴의 급여 일부는 지자체에서 지원을 받는다.

굿파머스그룹은 직영농장과 네트워크형 농장, 스마트팜 설비표준화와 재배 관리 솔루션을 개발하는 IT회사, 유통전문회사로 이루어진 플랫폼으로 성장하고 있다.

4장

좋은 데이터는 돈 주고 사야 한다

스마트농업이 발전하려면 우선 스마트팜에 대한 환상을 깨야 한다. 농업경영체 등록현황을 보면 우리나라 시설원예 온실 면적은 5만2,444ha다. 농식품부가 2021년 추경사업으로 전국 시설원예 현황과 에너지 사용실태를 조사했다. 조사에 응한 농가 24만94호가 보유한 전체 온실면적은 4만3,051ha다. 이미 사용하지 않거나 응답을 하지 않은 시설을 고려하면 전수조사에 가깝다고 할 수 있다.

양액재배를 한다는 농가가 전체의 6.95%(1만6,225호)였고, 토경재배를 한다는 농가가 93.05%(21만7,386호)로 나왔다. 또 시설원예의 제어방식으로 원격제어(PC 또는 핸드폰)가 1.06%(2,537호),

패널자동제어 39.33%(9만4,431호), 자동화시설 없음 59.61%(14만 3,126호)이다. 즉, 방송이나 사진으로 보던 원격제어나 양액재배는 여전히 일부 농가에서나 볼 수 있다. 물론 이런 조사가 처음이고 조사원 사전교육 등이 미흡해서 정확도는 떨어질 수 있지만 우리나라 시설원예의 수준을 짐작할 수 있다. 한마디로 그만큼 갈 길이 멀다.

한국에서 스마트농업이 발전하려면 무엇보다 선도농민이 오랜 경험과 지식을 바탕으로 만든 양질의 데이터가 지닌 가치를 인정해야 한다. 스마트팜혁신밸리 안에 보육센터나 임대농장에서 나오는 초보자들의 데이터를 몇 천 만 건 모은다고 알고리즘이 생기고, 빅데이터가 되지 않는다. 스마트팜은 공산품을 만드는 곳이 아니다. 생물을 재배 하는 곳이다. 수많은 변수가 생긴다. 더구나 생육정보가 빠진 환경정보는 아무리 많이 모아놓아도 전혀 쓸모가 없다. 농촌진흥청이 4년 전부터 생육데이터와 환경데이터가 연결되는 데이터셋을 만들어서 민간에 보급하겠다고 했지만 아직까지 가시적 성과가 없다.

그러므로 정부든 농민이든 검증된 데이터를 제값을 치르고 사야 한다. 이런 걸 개별 농가가 각자의 조건에 맞추어서 보정을 하는데도 상당한 시간이 걸린다. 또한 시스템을 운용할 줄 알고, 식물도 잘 아는 융복합인력을 실력에 맞게 대우해서 데이터를 제대로 해석해야 한다.

노지에서도 데이터는 힘을 발휘한다. 배농사에서 가장 무서운 게 검은별무늬병이다. 병충해방제를 위한 비용과 시간의 70%가 검은별무늬병과 관련됐다. 방제시기를 놓치면 품질과 생산량에서 큰 피해를 입는다. 배 재배농가는 내일 비가 온다고 하면 비싼 농약을 뿌리고 비가 그치고 나면 감염이 됐는지 안됐는지 알 수 없으니 불안해서 또 농약을 뿌린다. 농약 과다 사용에 따른 부작용과 영농비 부담이 컸다. 유기농을 하는 농가도 석회유황합제 외에 달리 선택할 약제가 없으니 비 오기 전후 열심히 살포를 한다. 4월부터 봉지를 씌울 때까지 수도 없이 석회유황합제를 뿌린다. 나무가 받는 스트레스가 심하다.

2016년 전까지는 이렇게 배농사를 지었다. 농촌진흥청 송장훈 농업연구사(이후 연구관 승진)는 벨기에 연수를 다녀왔다. 그곳에서 비가 오는 상황에서 시간별 온도합DH:Degree-Hours과 누적 강수량으로 방제하는 방법을 배워왔다. 과수원에 값싼 강우계 하나 설치하고, 기상청의 지역별 강우데이터만 있으면 DH값을 쉽게 뽑을 수 있다. 내일 비가 5mm 정도 내린다고 하니 사전 방제를 안 해도 된다, 현재 DH값이 얼마인데 비가 그친 후 몇 시간 안에 방제를 해야 한다, 비가 밤새 내리며 DH값이 이만큼 높아졌으니 비를 맞으면서라도 방제를 빨리 해야 한다, 이런 식으로 방제시점과 사용약제의 기준을 잡는다.

송 연구관은 2016년부터 지금까지 '세계 최초로' 모바일을 기반으로 하는 쌍방향 소통 방제지원시스템을 운영하고 있다. 처음에는 전국 30개 배 주산지의 기상정보를 일일이 분석해서 배사랑방 밴드(회원 3,600 여 명)에 방제정보를 올렸다. 농사는 타이밍이 중요하다. 방제정보는 공무원 근무시간과 관계없이 휴일이나 한밤중에도 제공됐다. 덕분에 약제 사용량이 33%나 감소됐다. 영농비는 줄고 배의 상품성도 높아졌다.

이런 일을 공무원의 헌신에만 맡길 수 없다. 유럽에서는 20년 전부터 방제결정지원시스템이 상용화됐다. 사설 방제시스템업체 소속 컨설턴트가 계약을 맺은 농가에 방제정보를 제공하는데 이용료는 연간 최소 10만 원에서 90만 원까지 든다고 한다. 한국은 이런 데이터를 돈 주고 사려는 사람이 없다.

배 방제지원시스템은 전문가가 가공한 정보를 휴대폰을 통해 무료로 제공한다는 점에서 세계 최초의 사례다. 이걸 마냥 자랑할 수 없다. 좋은 데이터는 돈을 주고 사야 하기 때문이다.

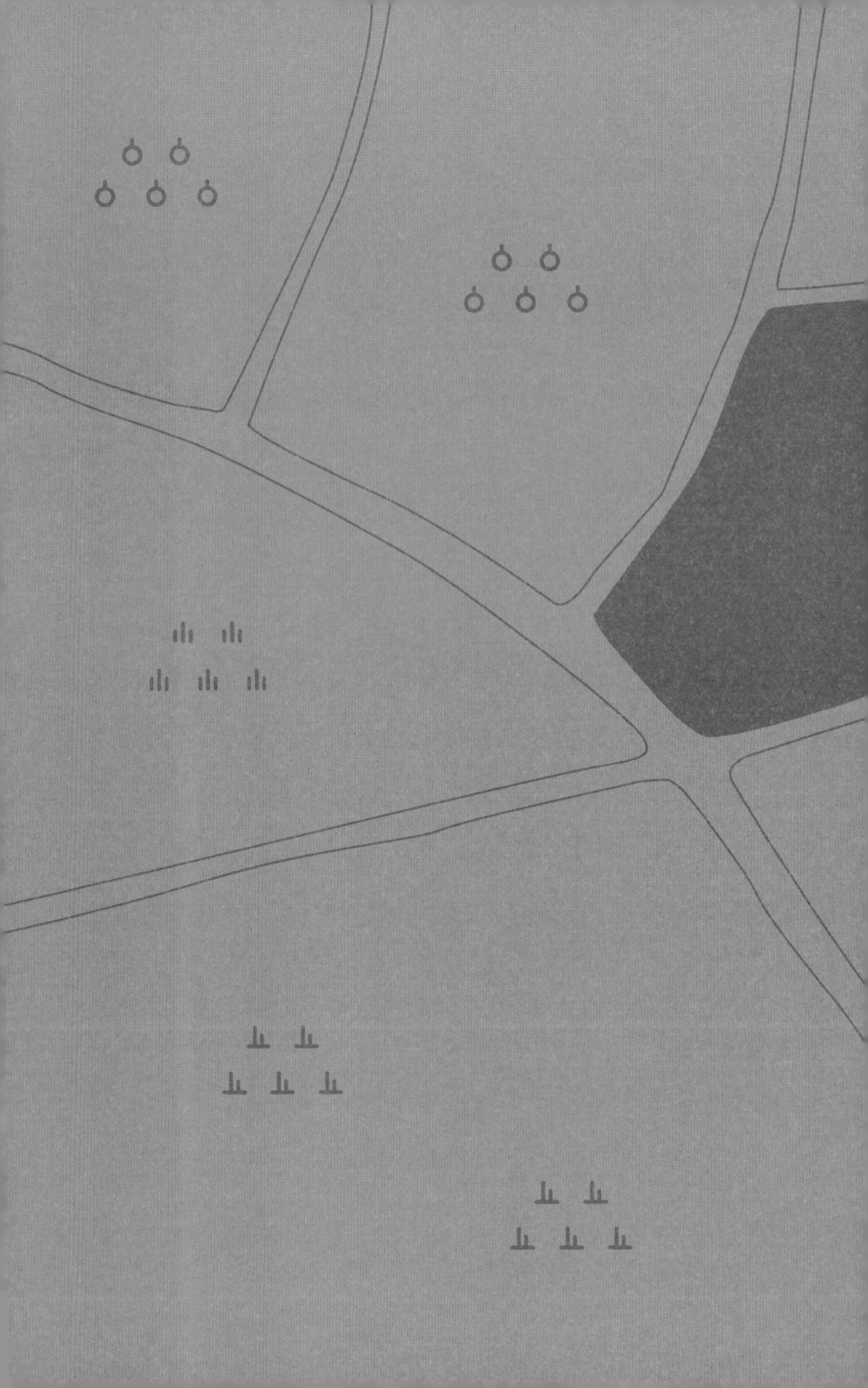

6부 국민을 생각하는 농업, 소비자를 생각하는 농업

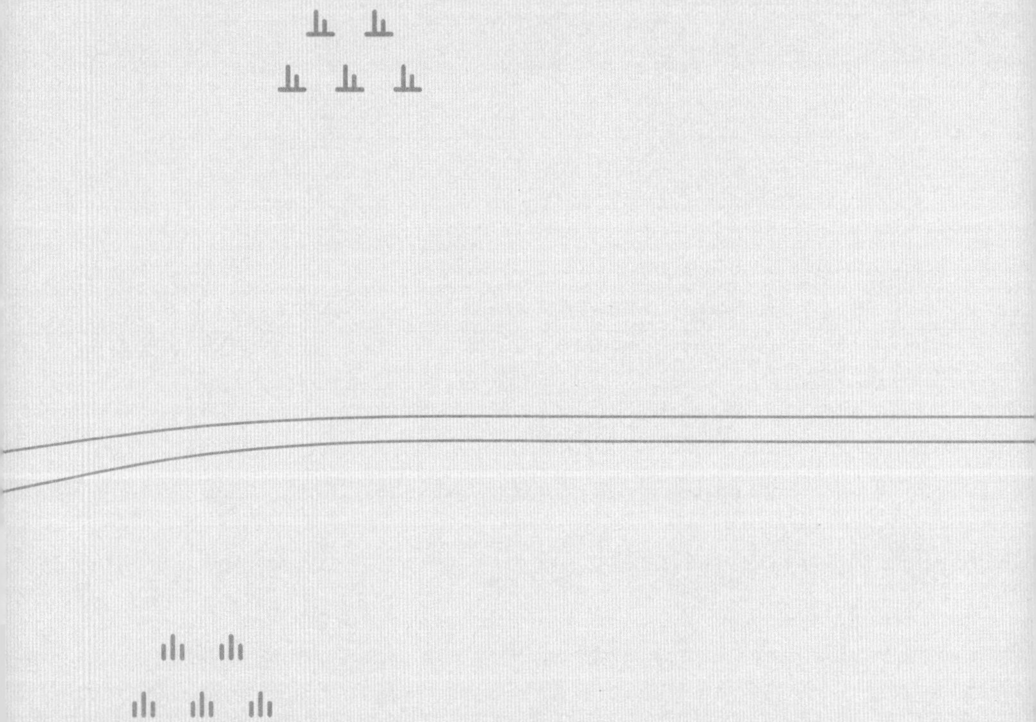

1장

국가식량계획, 거짓말을 반복하면 습관 된다

- 농가인구는 전체 인구의 4.5%(2020년)
- 농가인구의 고령화: 60세 이상 57%, 59세 이하 43%(2020년)
- 농림어업취업자는 전체 취업자의 5.7%(2021년 10월)
- 농축산업 및 관련서비스업의 국내총생산(GDP) 비중 1.5%(2019년)
- 농업예산 및 기금은 전체 예산의 2.8% (2022년)
- 먹을거리 자급률 OECD 최하위(2020년 식량자급률 45.8%, 곡물자급률 20.2%)
- 유전자조작 농산물 최대수입국(연간 1,164만 톤/2019년)

이런 상황에서 2021년 9월 16일 정부는 최초로 국가식량계획(2021~2025년)을 발표했다. 대통령 직속 농어업·농어촌특별위원회가 2020년 12월 제안한 '국가먹거리종합전략안'과는 거리가 멀지만 기획재정부와 농식품부가 함께 이런 계획을 세웠다는 것은 의미 있는 일이다. 발표도 기획재정부가 맡았다.

- 쌀 공공비축은 35만 톤에서 45만 톤으로 확대
- 2025년까지 밀 자급률을 0.7%에서 5%로, 콩 자급률을 26.7%에서 33%로 높인다. 밀 콩 전문생산단지를 확대하고 콩종합처리장을 설치하며 수요처를 발굴한다.
- 밀 매입량은 3,000톤에서 1만4,000톤으로, 콩은 1만7,000톤에서 2만5,000톤으로 확대한다.
- 2023년부터 유제품을 제외한 식품의 유통기한을 소비기한으로 바꾸어서 낭비를 방지한다.
- 먹을거리 접근성 보장을 위해 농식품바우처 사업을 추진한다. 올해 하반기 본사업계획을 수립하고 내년에 예비타당성 조사를 추진한다.
- 공공임대용 비축농지를 1만9,000ha까지 확대한다.
- 농업분야 탄소배출 저감대책을 수립한다.

목표 달성 못해도 반성 없고, 책임도 안져

모두 그럴듯한 이야기다. 그런데 실천할 의지가 있는가? 관련 예산은 있는가?

한국농어촌공사 농지은행은 2010~2019년 1조8,016억 원을 투입해서 농지 7,181ha를 공공임대용으로 매입했다. 하지만 2017년까지 1만ha를 확보하겠다는 계획은 물 건너갔다. 그러자 2027년까지 3만ha를 확보하겠다고 했다. 이렇게 그냥 내지르고 본다.

그런데 국가식량계획에서는 공공임대농지가 8,719ha(누계)인데 2025년까지 1만9,000ha로 확대하겠다고 발표했다. 1만ha는 3,030만평이다. 2020년 기준 전국 농지의 평균 공시가격이 평당 12만4,000원이다. 공시가격으로 쳐도 4조 원이 필요하다.

2021년 예산에 들어있던 취약계층 농식품바우처, 임산부 친환경농산물 공급, 초등돌봄교실 과일간식지원사업 예산은 2022년 정부예산안에 모두 빠졌다. 그래놓고는 2022년에 예비타당성조사를 하겠다고 했다. 그나마 다행인 건 국회 심의과정에서 세 가지 사업 예산 319억 원이 다시 살아났다는 점이다.

농식품부는 2013년 발표한 '농업농촌 및 식품산업발전계획'에서 2022년 식량자급률 목표를 60%, 곡물자급률 목표를 32%로 정했다. 2018년에는 목표를 55.4%와 27.3%로 낮추었다.

그런데 2020년 결과는 식량자급률 45.8%, 곡물자급률 20.2%이다.

정부가 이런 목표를 달성한 적도 없지만 실패했다고 반성하고 대책을 내놓은 적도 없다. 물론 책임지는 사람도 없다. 지키지 못할 거짓말을 자주하다 보면 그저 습관만 남는다.

왜 이런 일이 벌어질까? 새롭거나 개혁적인 일은 대통령 임기 초반에 해야 한다. 임기 말로 가면 동력이 생기지 않는다. 어공들이 나름 개혁안을 내놓으면 늘공은 대응 매뉴얼이 있다.

"내년에 예산을 확보해서 연구용역을 발주 하겠다, 용역결과에 따라 시범사업을 하겠냐, 그 다음에 본 사업을 하겠다." 대개 이렇게 나온다. 결국 뭉개다가 임기가 끝나면 안하겠다는 뜻이다.

그러니 어공들이 어설프게 개혁이니 혁신이니 외쳐보아야 말짱 도루묵이다. 방법은 있다. 예산이 돌아가는 구조를 잘 알고, 늘 현장의 요구를 경청하고, 아주 구체적으로, 집요하게 추진을 하면 늘공이 빠져나갈 길이 없다.

2장

날로 하락하는 식량자급률

2021년 11월 평소 하찮게 여기던 요소수의 공급이 차질을 빚으며 난리가 났다. 정부는 요소수파동을 계기로 수입의존이 높은 4,000개 품목에 조기경보시스템을 가동하고, 20개 원자재는 우선관리대상, 100~200개는 경제안보핵심품목으로 지정하겠다고 발표했다.

우리나라 사람이 가장 많이 먹는 곡물은 쌀과 밀이다. 2020년 기준 쌀은 가구부문과 사업체부문(간편식 편의점도시락 떡 등)을 합치면 대략 연간 70kg 정도를 소비하는 것으로 추정한다. 쌀 자급률이 92.8%다. 밀은 연간 31.2kg을 소비한다. 자급률은 고작 0.8%다. 제2의 주식인 밀을 어찌할 것인가?

쌀은 '추정한다'이고 밀은 '소비한다'는 표현을 쓴 것은 쌀통계가 한마디로 엉터리이기 때문이다. 가령 학교에 도시락을 싸 갖고 다니던 시절에는 그만큼 가구부문 소비로 잡혔다. 지금처럼 모두 단체급식을 하는 경우 그 쌀 소비는 어느 통계에도 잡히지 않는다. 쌀통계의 허점은 별도의 장에서 다루겠다.

곡물자급률 20.2%, 식량안보지수 29위

한 나라의 식량안보는 국민이 소비하는 식량의 자급률과 축산에 필요한 곡물을 포함한 곡물자급률에 따라 결정된다. 우리나라는 사람이 먹고, 가축에게 먹여야할 곡물이 연간 2,383만 톤이다. 그런데 그 72.5%인 1,729만 톤을 외국에서 수입한다. 한국은 세계에서 일곱 번째로 곡물을 많이 수입하는 나라다. 이 중에 1,164만 톤이 유전자조작 곡물이다.

일본은 2018년 기준 주식용곡물자급률이 59%이고 식량+사료용 곡물자급률이 28%다. 그래도 20년 전과 비교할 때 비슷한 수준을 유지하고 있다. 반면 우리나라는 식량자급률과 곡물자급률이 계속 하락하고 있다. 2020년 기준 식량자급률은 고작 45.8%다. 곡물자급률은 20.2%다. 곡물별 자급률은 쌀 92.8%, 보리 46.1%, 콩 30.4%, 옥수수 3.6%, 밀 0.8%다.

식량자급률·곡물자급률

	식량자급률	곡물자급률
1970년	86.2%	80.5%
1980년	69.6%	56.0%
1990년	70.3%	43.1%
2000년	55.6%	29.7%
2010년	54.1%	27.6%
2015년	50.2%	23.9%
2020년	45.8%	20.2%

국민 1인당 연간소비량 변화

	1980년	1990년	2000년	2010년	2020년
양곡	195.2kg	167kg	153.3kg	125.6kg	108.5kg
채소류	120.3kg	132.6kg	165.9kg	147.3kg	149.8kg
과실류	22.3kg	41.8kg	58.4kg	57.6kg	51.5kg
육류	11.3kg	19.9kg	31.9kg	38.7kg	52.5kg

못 먹고 굶주리던 시절에는 식량자급이 지상목표였다. 1980년대 정부미인 통일벼를 심지 않고 일반벼를 심으면 면서기가 장화발로 논에 뛰어 들어와 짓밟는 일이 흔했다.

이렇게 쌀의 자급을 이루었더니 어느새 국민의 소비성향이 바뀌었다. 쌀과 보리쌀 소비가 줄었다. 1970년대에는 보리쌀을 37.3kg이나 먹었지만 지금은 1.4kg으로 줄었다. 밀은 1970년 26.1kg에서 2020년 31.2kg으로 다소 증가했다. 밀의 소비형태는 국수 수제비에서 빵으로 바뀌었다. 예나 지금이나 수입 밀을 많이 먹고 있다.

그 대신 육류(소, 돼지, 닭) 소비가 날로 늘어나고 있다. 국민 1인당 육류 소비량은 1970년 5.2kg(자급률 100%)에서 2020년 52.5kg(자급률 68.9%)으로 증가했다.

계란은 77개에서 281개로 늘어났다. 우유도 1.6kg에서 83.9kg으로 증가했다. 채소도 149.8kg을 먹고 과일도 51.5kg을 먹는다.

50년 만에 육류소비량이 열 배 이상 늘어났으나 사료도 그만큼 필요했다. 2020년 옥수수 1,169만9,000톤을 수입했는데 이 중 80% 이상을 사료로 썼다. 2020년 3월 식용 곡물 중 밀 수입단가는 톤당 282 달러, 옥수수는 265 달러, 채유용 콩은 499 달러다. 사료용 곡물 수입단가는 톤당 밀 267 달러, 옥수수 247 달러로 식용과 사료용의 가격차이가 별로 없다. 각국은 곡물의 나라간 이동을 제한하고, 곡물수출국들은 계속 가격을 올리고 있다. 미국은 옥수수 수출 세계 1위, 콩 수출 세계 2위 국가다. 전 세계적인 저금리와 기상변화로 농산물 가격이 상승하며 미국에서는 농사를 지으려는 사람이 늘어나고 있다. 2020년 미국 중서부곡창지대의 농지 값이 6% 올랐다는 소식이 들린다.

국민식생활의 변화는 2020년 밀을 372만1,000톤이나 수입하게 만들었다. 이게 얼마나 많은 수량이냐면 최대 흉작이었던 2019년 국내 쌀 생산량이 374만4,450톤(통계청 추정)이다. 요소수 파동이 일어나자 모든 물류가 마비된다고 호들갑을 떨던 사람들이 이런 문제에는 너무나 무감각하다. 경쟁력 없는 농산물은 외국에서 사다 먹으면 된다고 태연하게 이야기 한다.

2020년 밀 재배면적이 5,255ha이고 생산량은 2만1,000톤이다. 안타깝게도 글루텐 함량이 떨어지는 국산 밀은 수입 밀에 길들여진 소비자의 입맛을 잡지 못하고 있다. 농식품부는 2025년까지 재배면적 3만ha, 생산량 12만 톤으로 확대하겠다고 한다. 무려 6배다. 또 대책 없는 거짓말을 하고 있다.

코로나19로 인해 세계 각국은 식량안보를 강화하고 있다. 곡물수출을 제한하고 있다. 더구나 급격한 기후위기는 작황부진으로 이어지고 곡물가격은 상승하고 있다. 우리나라의 식량안보지수는 최악이다. 경제분석기관인 이코노미스트 인텔리전스 유닛EIU은 2020년 기준 한국의 식량안보지수를 29위로 평가했다. 특히 옥수수 콩 밀은 몇 개 나라의 점유율이 너무 높다. 옥수수는 미국 브라질 아르헨티나산이 82.5%를 차지한다. 콩은 미국 브라질산이 93.1%다. 밀은 미국 호주 우크라이나산이 78.4%다. 더구나 미국 ADM과 카길, 브라질 분게, 프랑스 LDC 등 4개 곡물메이저 의존도가 매우 높다. 이들 4대 기업의 점유율이 밀 27.5%, 옥수수 43.2%다.

3장

지속가능한 농업과 농민의 직업윤리

오래 전 일이다. 당시 보수정당 소속의 경기도지사가 방송에 나와서 이런 말을 했다. "수도권 규제를 풀어서 경기도에 대학교나 공장 이런 게 많이 들어서야 영호남 농민들이 수도권에 농산물을 많이 팔 수 있다."

완전 개발독재 시절의 발상이다. 농촌은 왜 낙수효과만 바라보고 살아야 하나? 분수효과를 기대하면 안 되는가? 아직도 예산과 정책을 결정하는 많은 사람이 농업 농촌을 이렇게 바라본다. 한국농업은 산업화로 가는 길에 도시에 헐값의 노동력과 값싼 식량을 공급하는 일로 역할이 국한됐었다. 오랜 세월 그렇게 길들여졌다. 문재인 정부는 공식적으로 농업의 공익적 가치, 다원적 기능이라는 말을 쓰기 시작했다. 이를 바탕으로 공익형직불제를 도입했다. 물론 많이 부족하다. 하지만 물 들어올 때 노 저어야 한다고 이런 말이 나올 때 농민들이 획기적으로 발상을 바꾸어야 한다. 내가 바뀌면서 정부에 요구를 해야 한다.

농업이 하나의 산업으로 인정을 받으려면 국민을 생각하는 농업, 소비자를 생각하는 농업을 해야 한다. 식량자급률을 높이는 일, 국민에게 질 좋고 안전한 식료품을 공급하는 일, 환경보호와 국토균형발전에 기여해야 한다. 식생활 문화의 변화에 따라 국민이 즐겨 먹는 농산물과 기업이 필요로 하는 산업원료의 생산에 관심을 가져야 한다. 저탄소농법을 연구하고 신재생에너지의 생산자가 되어야 한다.

수입대체농작물을 육성해야

특히 의료용 대마와 같은 수입대체 농작물을 연구해야 한다. 우리나라 기업이나 소비자가 이미 많은 양을 소비하고 있는데도 국내산은 규모나 가격이 맞지 않아서 경쟁력이 없다고 했던 품목을 다시 살펴보아야 한다.

콩기름용 콩은 가격차이가 너무 커서 수입대체가 불가능하다고 생각한다. 그러나 발상을 바꾸면 국산도 경쟁력을 가질 수 있다. 시중에 나오는 콩기름 대부분은 희석식이다. 압착식 콩기름으로 품질을 높이고, 남은 콩단백은 콩고기의 원료로 쓴다면 시장성이 있다.

식품이나 담배의 감미료로 감초를 많이 쓴다. 소비자는 식품감미료로 설탕보다 감초를 선호한다. 감초는 매년 중국과 우즈베키스탄에서 수백억 원 규모 수입을 하는데 야생감초가 부족해서 국제시세가 많이 오르고 있다. 이미 전북 익산 소재 케어팜은 기존 방식과 달리 특수재배용기를 개발해서 단기간에 다수확을 한다. 아직 약재로 쓰는 건 몰라도 감미료로는 충분히 경쟁력이 있다.

2019년 말 국회에서 의료용대마오일을 뇌질환 치료용으로 쓸 수 있도록 마약류관리법이 개정됐다. 의료용대마오일은 캐나다에서 많이 생산한다. 간질 치매 등 뇌질환에 효과가 있는 것으로 알려져 있다. 수출용 파프리카나 장미를 생산하다가 중단된 대형유리온실이 있다. 이곳에서 철저한 보안시설을 갖추고 의료용대마를 재배할 수 없나? 말만 대마이지 의료용 대마는 중독성이나 환각성이 크지 않다. 대마는 의약품 섬유 식품 건축자재 화장품 등 여러 분야에 쓸모가 있다.

100% 수입하는 의료용대마를 국산으로 대체하자는 요구에 정부차원의 대응은 뜨뜻미지근하다. 농식품부는 의료용대

마의 산업화에 관심이 적고, 식약처는 국민정서를 들먹이며 걱정이 앞선다. 경상북도 안동에 대마규제 자유특구가 있지만 갈 길이 멀다.

카이스트 출신들이 아쿠아포닉스농법으로 농사를 짓는다고 해서 유명세를 탄 만나CEA는 진천농장에서 의료용 대마 종자를 육성하고 있다. 국내에서는 대마 산업에 규제가 많으니 약성이 뛰어난 수출용 종자를 육성하겠다고 한다. 늘 그렇듯이 현장이 앞서 가고, 정부가 뒤따라가는 형국이다.

국내 차 재배면적은 2,704ha이다. 재배농가는 2,473곳이다, 녹차는 고전을 면치 못하고 있지만 홍차 시장은 급성장하고 있다. 대부분 수입산이다. 2015년 차류의 수입액이 980만 달러였는데 2019년에는 2,003만 9,000달러로 증가했다.

국내 재배종은 홍차에 적합하지 않다고 한다. 하지만 차밭과 재배농가가 있고 시장이 있으니 방법을 찾아야 한다. 농촌진흥청의 존재 이유가 여기에 있다.

대기업이 스마트팜에 진출해서 딸기나 토마토 농사를 짓겠다고 하면 공급과잉을 걱정하는 농민들이 반발한다. 하지만 대기업이 수입대체품목을 연구 개발한다고 하면 함께 사는 길이 열린다.

주민이 이익 공유하는 신재생에너지사업 벌여야

농촌은 신재생에너지와 식량을 생산하는 기지로 변모해야 한다. 농촌에는 태양광을 둘러싼 갈등이 수시로 일어난다. 걸핏하면 등장하는 게 태양광 때문에 농지가 줄어들고 식량자급률이 떨어진다는 주장이다. 반은 맞고 반은 틀리다. 지난 5년간 농지 39km²가 태양광으로 바뀌었다고 한다. 그렇다면 지난 5년간 각종 개발명목으로 사라진 농지 826.4km²는 어떻게 보아야 하나? 사라진 농지의 4.7%에 태양광이 들어섰는데 나머지 95.3%의 농지는 괜찮은가? 그로 인한 식량자급률 하락은 괜찮은가?

세계 어디에도 우리나라처럼 '태양광은 안 된다'라고 하는 나라는 없다. 문제점을 있다면 개선점을 찾아야 한다. 어떠한 공간에 설치하느냐, 운영주체는 누구냐가 중요하다. 재생에너지 사업에 주민이 직접 참여하고 이익을 공유하는 시스템을 구축해야 한다. 충남 홍성군 원천마을의 가축분뇨를 이용한 바이오가스플랜트 건설, 전남 신안군의 태양광개발이익 공유제에서 교훈을 얻어야 한다.

농부는 농업을 업으로 삼는 사람이다. 한 발 더 나아가 농민은 '사회적 관계' 속에서 농업을 업으로 삼는 계층이다. 그렇다면 내가 하는 업의 사회적 가치를 높이는 방향으로 나가는 것이 직업윤리다. 한국의 농민들은 과연 어떠한 직업윤리를 고민하고 있나?

농민은 국민을 생각하는 농업, 소비자를 생각하는 농업, 사회적 가치가 있는 농업을 생각해야 한다. 농민은 제 본분을 다하고, 사회는 그에 합당한 대우를 해 주어야 한다. 대우가 시원찮으면 농민은 조직된 힘으로 요구하고 싸워야 한다. 하늘은 스스로 돕는 자를 돕는다는 옛말이 만고불변의 진리다.

4장

쌀 밀 콩, 복수의 국가전략작물로 키워야

쌀값 이야기가 나올 때마다 농자천하지대본이니 식량안보니 이런 말이 나온다. 틀린 말은 아니다. 하지만 오로지 쌀 하나를 국가전략작물로 키우면 그 부작용이 크다. 적어도 쌀 밀 콩 세 가지를 복수의 국가전략작물로 키워야 한다. 정부는 밀 콩 자급률을 높이겠다고 말한다. 그런데 구체성이 없다. 그냥 구호만 반복한다.

판로와 소득만 보장된다면 밀과 콩농사를 짓는 게 어려운 일이 아니다. 우리나라 논의 3분의 2는 이모작이 가능하다. 농민의 고령화도 부차적 문제일 뿐이다. 문제는 판로와 가격이다.

우리나라는 연간 100만 톤 이상의 유전자조작GMO콩을 미국과 브라질에서 수입해서 화학용매제를 이용해 희석식 식용유를 만든다. 또 NON-GMO콩을 연간 20만 톤 정도 수입해서 두부업계 등 콩가공업체에 배정한다. 친환경농산물매장에서 압착식 콩기름을 팔지만 원료는 연해주산 NON-GMO콩이다. 국산콩 압착식콩기름은 아예 없다. 유기농두부는 주로 호주산콩을 쓰고 국산콩은 드물다.

비건이 날로 늘어나는데 희석식 식용유를 뽑아낸 콩은 식용이 안된다. 압착식콩기름을 만들면 콩고기의 원료가 되는 콩단백이 덤으로 나온다.

수입 콩의 80%가 유전자조작콩

우리나라는 식용과 사료용을 포함해서 1년에 곡물 1,700여만 톤을 수입한다. 특히 2019년 기준 유전자조작GMO곡물을 1,164만 톤(24억8,000만 달러)이나 수입했다. 사료용이 82%, 식용이 18%다. ('2019년 유전자변형생물체 관련 주요통계' 2020.9 한국바이오안전성정보센터)

콩은 전체 수입량의 80%, 옥수수는 75%가 유전자조작 농산물이다.

어떤 농산물을 수입하는지 상위 5위까지 보자. (2019년 기준)

1위 옥수수 1,136만 6,877톤

2위 밀 374만 5,955톤

3위 대두박(탈지대두) 187만 4,274톤

4위 설탕원료 183만 3,360톤

5위 콩 126만 3,899톤

글리포세이트는 1974년 몬산토가 개발한 제조체(라운드업)의 주요성분이다. 2000년 독점권이 해제되면서 세계에서 가장 많이 사용하는 제초제다. 미국에서 나오는 콩과 옥수수 대부분이 글리포세이트에 내성을 지닌 유전자조작 작물이다. 세계보건기구 산하 국제암연구소는 글리포세이트를 2A등급 발암물질로 규정했다.

미국에서는 라운드업의 유해성에 관련한 소송이 10만여 건이나 진행 중이다. 유럽 각국은 글리포세이트 사용을 금지하는 법을 추진 중이다. 프랑스는 2021년부터 글리포세이트 사용을 전면 중단시키려 했으나 대체농약이 없다는 농업계의 반발을 수용해서 이를 사용하지 않겠다고 밝힌 농업인에게 한시적 세액공제를 해주기로 했다.

3,558억 원 그냥 날린 쌀생산조정제

복수의 국가전략작물을 육성하는 중장기계획을 세워야 하는데 그게 만만치 않다. 정부가 쌀 수급안정을 위해 내놓은 정책이 논 타작물 재배지원사업(생산조정제)이다. 2018년 5만ha와 2019년 5만ha을 합쳐 10만ha의 논에 벼 대신 다른 작물을 재배하도록 유도해서 쌀 수급안정과 식량자급률을 높이자는 게 당초 목표다. 벼농사를 짓는 농가가 옥수수 콩 등 다른 작물로 전환하면 정부가 1ha당 연 340만 원을 2년간 줬다. 콩은 전량 정부가 수매하고, 조사료는 농협이 생산량의 절반이상을 책임판매하기로 했다.

하지만 농민들은 뜨뜻미지근한 반응을 보였다. 4월말 마감한 쌀생산조정제 신청면적은 목표의 65%에 그쳤다. 농림축산식품부는 "쌀값 상승 기대감과 기계화, 배수, 판로 여건 미흡으로 신청이 저조했다"고 분석했다.

2018년 5월, 김제평야에서 농사를 짓는 농민 두 명에게 직접 들어보았다.

#벼농사 고수하는 김○○ 농부

40필지(1필지는 1,200평) 모두 쌀농사를 한다. 9필지만 내 땅이고 나머지는 임차지다. 필지당 140만 원(2018년)을 선납했다. 작년에는

125만 원이었는데 쌀값이 오르니 임차료도 올랐다.

1필지에서 80kg 30개씩 모두 1,200개를 수확해서 30%는 개인 고객에게 판다. 미질이 좋은 신동진 품종을 심어서 개인에게 팔면 농협수매가보다 2만 원은 더 받을 수 있다. 나머지는 농협수매, 중간상 판매, 공공비축미로 처분한다. 올해 쌀목표가격이 20만 원은 될 것으로 기대한다. 쌀은 기계화가 잘 되어 있고, 직불금도 오를 텐데 다른 작물을 심을 이유가 없다. 쌀만큼 일하기 편하고 소득 보장이 되는 작물이 없다.

#콩농사 선택한 조○○ 농부

23필지 농사를 짓는데 3필지만 내 땅이다. 논 값이 1필지에 8,000만 원이 넘는다. 땅을 살 엄두가 안나니 20필지 임차료로 연 2,800만 원이 나간다.

올해 경작조건이 안 좋은 논 3필지에 콩을 심으려고 한다. 60만 원 주고 굴삭기를 불러 논 둘레에 도랑을 파서 땅을 건조시키고 있다. 1필지에서 콩 1,000kg을 수확할 수 있다. kg당 4,300원에 팔고 보조금을 받으면 필지당 조수입이 520만 원 나온다. 벼는 필지당 영농비가 150만 원인데 콩은 80만 원이면 된다. 벼농사와 비교할 때 소득이 떨어지지 않고 영농시간도 비슷하다.

벼농사를 짓느라 이앙기와 콤바인은 내 것이 있다. 콩파종기와 콩탈곡기는 따로 구입하지 않으려고 한다. 김제시 봉남면에서

200필지가 쌀생산조정제에 참여했는데 작목반에 파종기와 탈곡기가 2대씩 있다. 작업일정을 잘 조정하면 내 기계 없이 콩농사를 지을 수 있다.

쌀값을 안정시키고 식량자급률을 높인다는데 정부정책에 적극 참여하려고 한다. 다만 새로운 정책이 지속될 것인지에 대한 불안감이 있다. 농협이나 지자체가 두부 콩나물 두유 콩고기 등 콩 가공시설을 만들어서 각종 급식에 납품을 한다면 농민들도 안심하고 콩농사를 계속한다.

한 번 신청하면 2년간 지원금을 주니 2020년까지 보조금이 집행됐다. 실제로 쌀재배면적이 감소했다. 콩농사를 지은 농민들의 만족도가 꽤 높았다. 조○○ 농부는 현명했을까? 결과는 김○○ 농부가 더 많은 이익을 보았다.

2020년 공익형직불제가 도입됐다. 논 밭 구별 없이 직불금을 준다는 이유로 타작물재배 지원사업이 사라졌다. 하지만 2020년 유례없는 기상재해로 쌀 수확량이 급감하면서 쌀값도 사상 최고가격을 기록했다. 쌀과 콩을 놓고 저울질 하던 농민들이 도로 논으로 갔다.

농식품부는 쌀 과잉생산을 조정하겠다며 2018년 1,368억 원, 2019년 1,641억 원, 2020년 549억 원을 합쳐 3년간 3,558억 원을 썼다. 2018~2019년 논에서 타작물을 재배한 면적은 4

만2,396ha였는데 2020년 11월 조사를 해보니 그중 62%가 이미 도로논이다. 2021년에는 벼재배면적이 73만2,477ha로 전년보다 6,045ha(0.8%) 늘어났다.

농민들이 새로운 작목 재배에 적응할 수 있게 적어도 5년 동안은 보조금을 계속 지급해야 한다. 이에 필요한 공동 농기계 확보와 함께 콩 수요처 확대 등이 이루어졌다면 이런 상황이 벌어지지 않았다. 참여를 주저했던 농민들은 2년 후에도 계속 지원을 받는다는 보장이 있느냐고 했는데 걱정이 현실이 됐다.

물론 국산 콩의 판로를 확대하는 게 쉬운 일은 아니다. 수많은 이해관계가 있고 대화와 타협이 필요하다. 동물성단백질을 대체하는 식물성단백질(콩고기)을 개발하고, 학교와 군대급식에 우유 대신 두유를 일부 대체할 수는 없나?

국방부는 장병 한 명에게 연간 우유 437개(개당 200ml)를 제공했으나 2021년부터 413회로 줄이고 24회는 두유로 대체하기로 했다. 농협중앙회와 낙농가들의 반발이 거셌다. 2020년 기준 군납 흰 우유는 2만3,000톤으로 국내 전체 흰우유 판매량 136만 톤의 1.7%를 차지한다. 연간 600~800억 원으로 추정한다. 이를 농협과 수의계약을 하고 7개 협동조합이 독점납품을 했다. 그 중 일부를 조정하는데도 이렇게 반발이 크다.

농식품부는 과잉생산으로 쌀값이 하락했으면 변동직불

금이 그만큼 더 나갔을 것이라고 변명을 한다. 그래서 무려 '3,558억 원'은 콩자급률을 높이는데 얼마나 기여했나? 정책 실패에 누가 어떤 책임을 졌나?

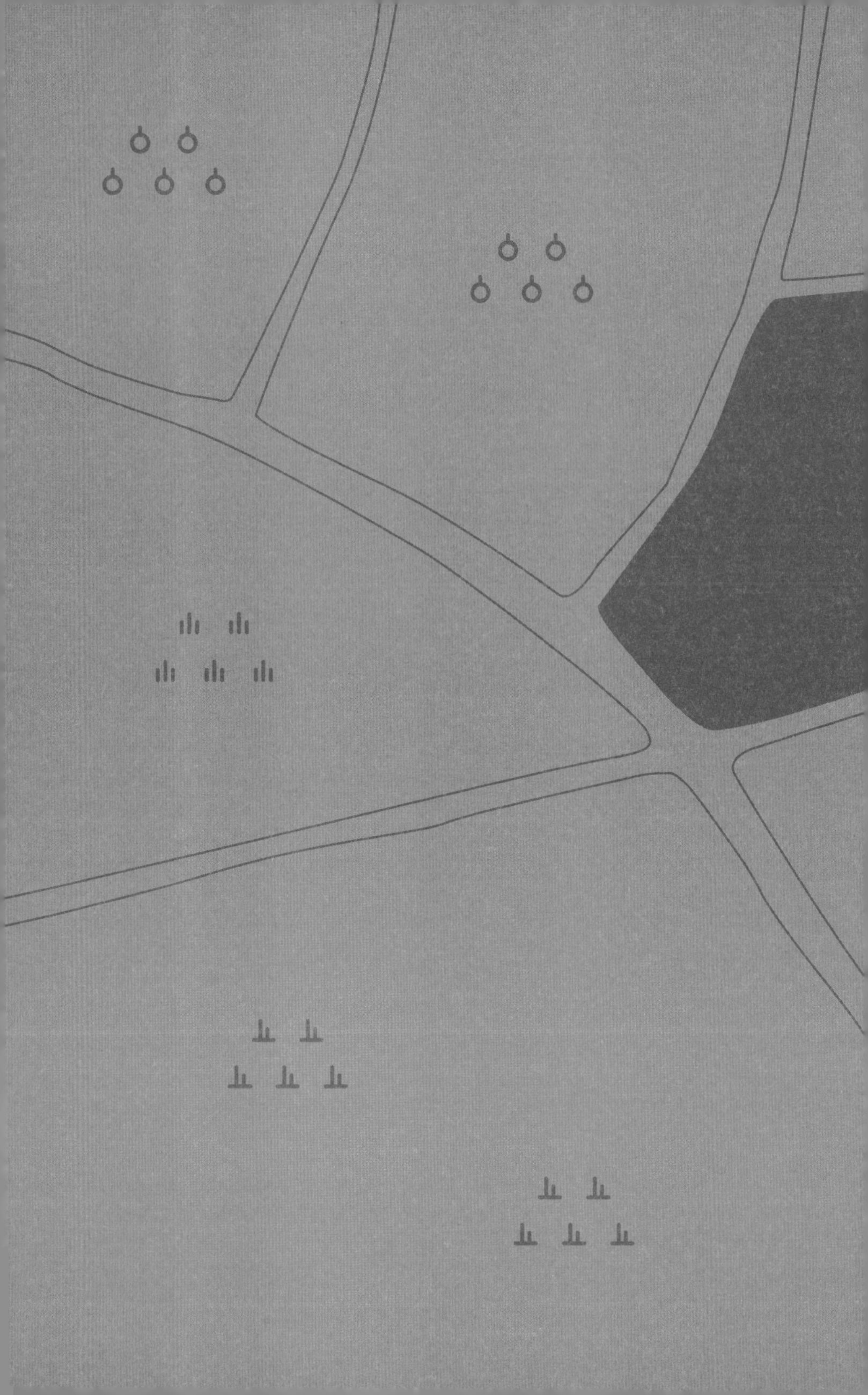

7부 농업통계의 오해와 진실

1장

도대체 믿을 수 없는 쌀 소비 통계

"1970년 국민 1인당 쌀 136.4kg을 소비했는데 2020년에는 57.7kg으로 감소했다."

해마다 1월이면 언론에 등장하는 내용이다. 국회에서도 농식품부를 질책하는 메뉴로 자주 등장한다. 한마디로 틀린 내용이다.

통계청은 해마다 양곡소비량조사(통계청, 승인번호 101049)를 해서 다음해 1월 공표한다. 그런데 '국민 1인당' 소비량을 조사하지 않는다. 가구부문 1인당 양곡소비량과 사업체부문 쌀 소비량을 조사한다. 사업체부문 조사는 2011년부터 시작했다.

쌀 소비량은 생산량에 수입량을 더하고, 수출량과 재고량을 뺀 후 전체 국민숫자로 나누면 된다. 대부분 수입에 의존하는 밀은 이런 방식으로 1인당 소비량을 계산한다. 그런데 쌀은 재고량과 생산량 조사가 정확하지 않으니 이런 방법을 쓸 수 없다. 부득이 샘플조사로 가구부문과 사업체 부문을 나누어서 소비량 조사를 한다.

그런데 군대 교도소 고아원 요양원 등 집단시설이나 학교급식은 조사대상에서 빠져있다. 예전에 도시락용 쌀이 가구부문 소비에 포함됐는데 요즘처럼 학교급식에서 먹는 쌀은 어디에도 포함되지 않는다. 음식점에서 외식을 하면 '가구부문 소비량'에 포함된다. 다만 백반을 먹건 자장면을 먹건 '1회 외식'으로 계산해서 가구부문 쌀 소비량에 포함된다. 그러면 편의점에서 백종원도시락을 구입해 집에 들어와서 먹으면 어떻게 되나? 이건 사업체부문 소비량에 포함된다.

샘플도 인구비례에 맞지 않는다. 가구부문은 농가 640가구, 비농가 500가구를 조사한다. 이런 샘플 구성은 1970년에 전체 가구 중에 농가의 비율이 42.4%였을 때도 쓸 수 없는 수준이다. 우리나라 농가는 2020년 기준 103만5,000 가구로 전체의 5%다. 인구수로 보면 4.5%다. 아무리 통계의 일관성이 중요하다고 해도 세상이 이만큼 변했으면 다시 기준을 잡아야 한다.

통계방법에도 문제가 많지만 체감 상으로도 통계청 통계를 믿기 어렵다. 2020년은 코로나19로 재택근무나 재택수업이 많았다. 학교급식으로 소비하지 못한 쌀은 농산물꾸러미에 담겨 각 가정으로 배달됐다. 집밥 소비량이 증가했으니 당연히 가구부문 양곡소비량이 증가할 것으로 예상했다. 그런데 결과는 전년도 59.2kg보다 2.5%나 감소했다. 쌀값이 많이 올랐기 때문에 사업체부문 소비량이 줄어드는 것은 예상했다. 떡 장류 막걸리 주정제조에서 많이 줄었다. 사업체들이 쌀이 아닌 다른 대체원료를 사용했다.

그런데 가구부문 소비량이 줄어든 것은 도저히 이해가 안된다. 그래서 다른 통계를 찾아보았다. '농수산물유통정보KAMIS'를 분석해 보니 대형마트(온오프라인 합계), 체인슈퍼마켓, 조합마트, 편의점, 개인슈퍼에서 판매된 쌀이 2019년 1~10월에 20만5,342톤이다. 2020년 같은 기간에 23만1,953톤이 판매 됐으니 13%나 증가했다.

이러니 통계청의 쌀 통계를 신뢰를 할 수가 없다. 일본은 국내생산량+수입량-수출량-재고량=국내소비량으로 추정한다. 이걸 인구수로 나누면 국민 1인당 쌀 소비량이 나온다. 우리는 왜 이렇게 하지 못할까? 농식품부에서 쌀 소비 통계 방식을 달리해야 한다는 이야기가 몇 차례 나왔지만 흐지부지 됐다. 담당 과에서는 "문제가 있는지 잘 알지만 내가 이 부서에 있는 동안은 긁어부스럼 만들지 않겠다"는 분위기가 있다.

그나마 2020년 농식품부는 '가구부문 1인당 쌀 소비량'을 '국민 1인당 쌀밥소비량(가공품 제외)'으로 바꾸려고 통계청에 협의를 요청했다. 하지만 통계청은 통계의 연속성을 내세우며 조사방식 변경에 소극적이다.

쌀은 현재 유일무이한 국가전략작물이다. 그런데도 농식품부와 통계청은 정확한 쌀 생산량과 소비 통계조차 내지 못하고 있다. 생산량(전국 6,300개 표본구역에서 각각 3m²의 벼를 수확해서 산출), 소비량, 산지쌀값(매달 전국 370곳의 종합미곡처리장과 도정공장 쌀값을 조사) 이 세가지가 정확하지 않으니 해마다 12월이 되면 쌀시장 격리시기와 수량을 놓고 농식품부와 농민들이 충돌하는 일이 반복되고 있다.

통계청이 추정한 2021년 쌀 생산량은 388만2,000 톤이다. 2020년 350만7,000 톤 보다 37만5,000 톤이 늘어났다. 농민단체는 27만 톤이 공급과잉 이라며 가격하락을 방지하기 위해 선제 시장격리를 요구했다. 정부는 12월 28일 당정협의를 통해 2022년 1월 20만 톤을 우선 시장격리하기로 했다. 2021년초 산지수매가격이 kg당(1등급) 2,706원이었다. 27만 톤이면 7,300억 원이다.

하여간 이 모든 게 추정치를 근거로 이루어지고 있다. 농민들에게는 빅데이터를 기반으로 농사지으라고 하면서 정작 쌀 생산량과 소비량 조사는 주먹구구식으로 하는 게 부끄럽지 않은가?

2장

연간 귀농인구 1만7,000 명인가 9만 명인가?

귀농귀촌 관련 통계는 두 가지가 있다. 먼저 귀농어귀촌인 통계(통계청, 승인번호 930002)는 통계청이 1년 주기로 조사하며 다음해 6월경 발표한다.

	2017년	2018년	2019년	2020년
귀농가구(가구)	12,630	11,961	11,422	12,489
귀농인구(명)	19,630명	17,856명	16,181명	17,447명
귀촌가구	334,129	328,343	317,660	345,205
귀촌인구	497,187	472,474	444,464	477,122명
귀농귀촌가구	346,759	340,304	329,082	357,694
귀농귀촌인구	516,817	490,330	460,645	494,569명

모집단은 매년 11월 1일 기준, 동 지역에서 1년 이상 거주한 사람이 대상기간(매년 11월1일~다음해 10월31일) 중 읍·면 지역으로 이동한 사람으로서 귀농인은 농업경영체등록, 농지원부, 축산업등록명부에 등록한 경우다. 귀촌인은 위 조건을 충족하는 이동자 중 학생 군인 직장근무지 이동으로 인한 일시적 이주나 귀농인·귀어인 및 동반 가구원을 제외한 경우다.

쉽게 말해 조사대상 기간 중 동 지역에서 읍·면 지역으로 이사해서 농업경영체등록을 완료한 경우에 귀농인으로 본다. 가령 2021년 9월 30일 농촌으로 이주해서 10월 31일 경영체 등록을 완료하면 '귀농인'이지만 11월 1일 경영체 등록을 마치면 통계상으로는 '귀촌인'에 머무른다.

경기도 안양시 만안동에서 살다가 경기도 동탄시 동탄읍에 조성하는 신도시에 입주한 사람은 귀촌인이 된다. 동 지역에서 읍·면지역으로 이주했기 때문이다. 그런데 동탄읍이 동탄동으로 바뀐 후에는 이 지역이 귀촌인 집계에서 빠진다.

통계청 통계의 비현실성을 해결하기 위해 2018년 농식품부가 개발한 새로운 통계가 있다. 귀농귀촌실태조사(승인번호 114055)는 최근 5년간 귀농·귀촌한 가구에 대한 실태조사다. 1년 주기로 조사를 해서 다음 해 2월경 공표한다.

이 조사는 최근 5년간 귀농·귀촌한 가구를 조사대상으로 삼는다. 2020년의 경우 통계청이 보유한 2015~2019년 귀농·귀촌 명부를 받아 연도별 표본배분 추출한 다음 귀농귀촌 현황과 준비내용, 생산 활동 등을 조사한다. 2020년은 4,066가구(귀농 2,038, 귀촌 2,028)가 조사대상이다. 매년 10~12월에 조사한 결과를 다음해 2월에 공표하는데 이런 결과가 나왔다.

- 2018년 12월 조사: 귀촌가구의 19.7%가 귀촌후 5년 이내에 농업에 종사
- 2019년 12월 조사: 귀촌가구의 15%가 귀촌후 5년 이내에 농업에 종사
- 2020년 12월 조사: 귀촌가구의 14.7%가 귀촌후 5년 이내에 농업에 종사

즉, 실제 귀농인구는 통계청 조사처럼 2만 명에 못미치는게 아니라 귀촌후 5년 내 영농종사자까지 합칠 경우 적어도 연간 8~9만 명으로 잡을 수 있다.

통계청이 해석 가공해서 발표한 보도자료나 언론기사만 보아서는 문제점이 안 보인다. 하지만 설문지만 살펴봐도 무엇이 한계인지 보인다. 원데이터를 보면 더 잘 알 수 있다. 현실을 정확하게 진단해야 관련 대책이 제대로 나온다. 현장진단을 잘못하고 이에 근거해서 예산을 편성하고 정책을 집행하면 효과가 있겠나?

이렇게 현실을 반영하지 못하는 통계청 통계를 가지고 대학이나 연구소에서 논문을 쓰고 토론회를 한다. 제발 현실에 맞지 않는 통계를 고쳐라. 최소한 두 가지 통계를 함께 쓰기 바란다.

3장

시대를 못 따라가는 농가소득 통계

2018년 '농가소득'이 최초로 4,000만 원대를 기록했다. 쌀값 상승 덕분에 4,206만6,000원이 됐다. 2019년은 4,118만2,000원이고, 2020년은 공익형직불제 덕분에 4,503만 원으로 뛰었다.

농가경제조사(통계청, 승인번호 101042)는 해마다 실시하며 다음해 4~5월경 발표한다. 조사대상은 전수조사가 아니라 전국 3,000농가다.

농업계 일부에서는 '농가소득 4,000만 원'은 허상이며, '농업소득'을 보아야 한다고 주장한다. 농업소득이 1,000만 원 초반대에 턱걸이를 하고 있는 것은 사실이다. 월 100만 원도 안되니 "농사지어서 먹고 살기 힘들다"고 말할 수도 있다.

그렇다면 '농가소득'은 어떻게 구성되는지 살펴보자. 농가소득은 농업소득(농업총수입 - 농업경영비) + 농업외소득(겸업소득 + 사업외소득) + 이전소득 + 비경상소득으로 구성된다.

농가소득 구성

	농가 소득	농업소득			농업외소득			이전 소득	비경상 소득
			농업 총수입	농업 경영비		겸업 소득	사업외 소득		
2017년	38,239	10,047	30,580	20.533	16,269	4,406	11,863	8,902	3,022
2018년	42,066	12,920	35,757	22,837	16,952	5,398	11,554	9,891	2,302
2019년	41,182	10,261	34,436	24,175	17,327	5,828	11,499	11,230	2,364
2020년	45,029	11,820	36,033	24,212	16,608	4,930	11,679	14,263	2.337

단위: 천원 <2020년 농림축산식품 주요통계, 농림축산식품부>

△ 농업총수입: 당해 연도의 농업 경영결과로 얻은 총수입으로 농작물 판매수입, 축산수입, 농업잡수입, 미처분 농수축산물 증감액, 생산물자가소비 평가액 등을 합산한 금액

△ 농업경영비: 농업경영에 투입된 일체의 비용으로 현금지출, 현물지출 평가액, 농업용 고정자산 감가상각액, 미사용 구입자재 증감액 등을 합산한 금액

△ 겸업소득: 농업 이외의 사업을 경영하여 얻은 소득으로 임업, 제조업, 건설업, 음식숙박업, 도소매업, 기타 겸업으로 얻은 소득을 모두 합한 금액

△ 사업외소득: 농가 가구원이 노동력을 제공하고 얻은 근로소득과 그 외 임대료, 배당금, 이자, 유가증권 매매차익 등의 자본수입을 모두 합산한 금액

△ 이전소득: 농가가 비경제적 활동으로 얻은 수입 중 경상적인 것으로 공적보조금(농업보조금, 연금, 수당 등), 사적보조금(출타가족보조금, 친인척보조금) 등의 소득을 모두 합산한 금액.

△ 비경상소득: 농가가 비경제적 활동으로 얻은 수입 중 비경상적인 것으로 경조수입, 퇴직일시금, 사고보상금 등의 소득을 모두 합산한 금액

통계청 조사에 따르면 농산물을 판매해서 얻는 농업소득이 1,000만 원 남짓인 것은 사실이다. 하지만 내가 생산한 농산물을 가공한 제품을 판매하거나 농가체험 음식숙박업을 하면 '겸업소득'이 추가된다. 또 다른 농가에 단순 노동력을 제공하거나 콤바인 이앙기 등 농기계 작업을 대행해 줄 경우 올리는 '사업외소득'이 있다. 이렇게 '농업외소득'은 6차산업 등이 발전함에 따라 전체 농가소득에서 비중이 큰 소득이다. 그러니 농가소득에서 농업소득이 단지 25%에 머문다고 개탄하는 것은 반은 맞고 반은 틀리다.

조사대상에도 허점이 있다. 통계청은 2013년부터 조사표본 3,000 가구 안에 1인 농가 100가구를 포함시켰지만 비율은 3.3%에 그친다. 사실 전체농가에서 1인 농가는 20% 가량이다. 2020년 기준 1인 농가의 소득은 1,603만 원이고, 1인 농가의 80%는 65세 이상 고령이고, 70%는 1ha 이하 소농이다. 그러니 조사표본에 1인 농가를 제대로 반영할 경우 농가소득 4,500만 원은 어림도 없다.

농지는 부동산이 아니다

초판 1쇄 인쇄 2022년 2월 10일
초판 1쇄 발행 2022년 2월 15일

지 은 이 신명식
펴 낸 이 전익균, 전형주

이 사 정정오, 김영진, 김기충
기 획 조양제, 백현서
편 집 김 정
디 자 인 페이지제로
관 리 김희선, 유민정
개 발 신두인
언론홍보 (주)새빛컴즈
마 케 팅 팀메이츠
유 통 새빛북스

펴낸곳 (주)새빛컴즈, (주)아미푸드앤미디어
전화 (02) 2203-1996, (031) 427-4399 **팩스** (050) 4328-4393
출판문의 및 원고투고 이메일 svedu@daum.net
등록번호 제215-92-61832호 **등록일자** 2010. 7. 12

값 14,500원
ISBN 979-11-974717-4-2 03330